アラブ人の世界観

激変する中東を読み解く

水谷 周

国書刊行会

アラブ人の世界観

——激変する中東を読み解く

目次

はじめに

二十一世紀に入って、急に中東世界が騒がしくなった。しかし日本からは距離があるし、歴史的にもあまりなじみがないだけに、今一つ実感が伴わない地域である。そこで時事的な刻々の変化を追うのではなく、この地域の人々の脳裏を占めている世界観をひもとくことで、少しでも接近して理解できるようにしたいというのが本書の狙いである。他方、世界観というと何か固定されたもののように思われるかもしれないが、激動する社会ではそうでもないことが分かる。

振り返ると、日本人の文化を分析して有名になった『菊と刀』（ルース・ベネディクト著）や、西欧の中世社会にメスを入れた『中世の秋』（ヨハン・ホイジンガ著）などがある。前者は欧米文化が罪の意識を基礎としているのに対して、日本文化は恥の観念が基盤にあるとした。後者は、とかく暗いイメージの強い西欧中世という時代には、人間の喜怒哀楽が鮮明に表出される特徴があったことを示した。いずれも新しい理解を提示したことで、高く評価された。

では中東の場合は、どう考えればいいのだろうか。まず挙げなければいけない要因は、イスラームである。域内最大の宗教であり価値観の一大体系である。多分に他の一神教と共有される側面もある。それともう一つは、豊かな歴史経験の蓄積である。高い文明水準を謳歌したこともあれば、十字軍や植民地主義やイスラエルの建国といった苦難の経験もある。これら全体が現地の世界観を構成し、人々のもろもろの行動を導いたり、規制したりしているのだ。

序章では「中東」という地域名の由来を調べて、それが持つ少し複雑な事情を確かめる。また非常に濃厚な固有の文化を持つ社会なので、本論に入る前にその特徴を簡単に一覧しておきたい。

第1章は、宇宙観である。なぜ、どのようにしてこの世が存在することになったのか、存在の全体である宇宙をどう理解するのか、という課題である。当然宇宙科学の進歩を無視するわけではないが、まだまだ科学がすべてを解明するには至っていない。それどころか科学では結局、なぜという因果関係は説明されるとしても、事物存在の目的は説明されないので、科学は万能ではありえない点が強調される。

第2章は、人生はどのように把握されるのか、生きがいとは何か、といった事柄である。また幸福とは、そして人の死とは、といったことなども、日本でもよく議論される。直ちに身のつまされる思いをする人は少なくないだろう。

第3章と第4章は、政治と経済に関する感覚を取り上げる。やはり日本とは相当異なった観念に支配され、それが彼らの常識の底流にあるのだ。しかし現実世界とのせめぎ合いの中で、かなりの変革が求められている分野である。経済面では具体的な成果を上げたが、政治面では今後の課題は大きいと見られる。

第5章は、世界の文明のあり方やその興亡をどう整理して把握しているのか、という問題である。日本では昨今、あまり文明論は聞かれなくなったが、中東ではこれはまだまだ彼らのアイデンティティと自尊心の根本を突く問題なのである。

第6章は、未来についての想念である。中東では未来も現世と同程度に、はっきりとしたイメージが持たれているといえよう。ではそのイメージとは、どのようなものなのであろうか。また今後、トルコやイランの域内覇権の躍進も目立つことになるだろう。

本書を通読することで、以上のようなアラブ人らの世界観は、日本とは相当ギャップのあることが判明するだろう。また違いと同時に近似している諸点もあるので、そのような場面に出会うとホッとするのである。さらには意外なことに、混迷状態が深刻だと思われるほどには、その世界観の動揺は限られていることも浮き彫りになる。それはどうしてだろう。その回答は、本書を一読される読者諸氏に委ねたい。

最後に、終章を設けた。それは中東といえば血なまぐさい事件が絶えず、この世の果てと見られるかもしれない。しかしせいぜい二、三十年前は、人情と静謐《せいひつ》が溢れる土地柄でもあった。そこでシリアのダマスカスでの著者の思い出について一筆することとした。この寸描を通じて、中東地域にあった平穏な日常の様子を少しでも知ってもらいたいと考えた。

追記「トランプの中東政策」は題名にあるように、米国トランプ新大統領の中東政策の要点を急きょ考察したものである。彼の一言一言に世界が振り回されている。特にエルサレムへの大使館移転は甚大な問題を域内外に惹起《じやっき》することとなる。前大統領オバマ以来の中東離れは、ますますロシアの暗躍を許すこととなる。このように大国の思惑に振り回される面はあるが、他方その世界観に見られる通り、土着の価値観と諸課題を抱えつつも、中東は牛歩を進めていることは明らかである。

読者の方々がどのような分野におられるにしても、中東に関する基礎書の一つとして、本書が寄与するところがあれば著者の本望である。

現代世界への警告として

「狂気は個人にあっては稀有なことである。
しかし、集団・党派・民族・時代にあっては通例である」

ニーチェ『善悪の彼岸』より

序章

中東という名称とその社会の特徴

「中東」はねじれの名称

しばらく前までは、中東というよりは中近東と呼ばれることが多かった。さらにさかのぼれば、近東という用語も使われていた。実はこの呼称の変遷自身が、かなり中東の苦渋に満ちた歴史を物語っているのだ。

要するにそれらの呼び名はすべて、イギリスのロンドンから見ての位置関係を示している。さらには日本や韓国などの方面は極東と呼ばれた。それらはイギリスの植民地主義による世界分割の支配が成立して、その地理的な関係から生まれた呼称である。

十九世紀の終わりごろ、イギリスから見ての近東はエジプトを含む、今の北アフリカ地域を主として指していた。あるいは時に、トルコを指していたこともあった。そんな中、中東とはなかんずくインド地域を指していた。その後に来たのが極東地域である。他方、米海軍では今のイラクやイラン方面を、初めから中東と命名した人もいた*。

ところが第二次大戦開始とともに、駐インドのイギリス軍は比較的余裕があったのに比べて、欧州戦線では強力なナチス・ドイツ軍との戦いに心血を注がざるをえなくなった。そこで駐インドの中東司令部自体がエジプトのカイロに移され、それまでの近東司令部と合体されてからは中近東司令部とも呼ばれるようになった。

そこから中近東という用語が生まれることになった。ところが一九五〇年代以降は、米国主導で中近東地域が扱われることとなった。英仏ともに、一九五六年のスエズ動乱での敗戦により、すっかりその発言権と威信は影を潜めるようになっていた。他方米国では中近東よりは、中東という呼称が以前からよく使用されていた。その際の中東は米国国務省によると西はモロッコから東はアフガニスタンやパキスタンも含む形で用いられるのが通常であった。

そこで徐々に「中東」が「中近東」を席捲して、むしろ中東が普通の用語として定着したのであった。日本でもそれを反映して、外務省の中近東・アフリカ局やその下の中近東課は「中東」の用語を使用することとなった。こうしてわが国では、中東として西はモロッコから東はイランまでを指す地域となったのである。

他方それでは中東地域の人々自身はどうかというと、一般的には中東という地域名は抵抗なく受け入れられているといえよう。サウジアラビアの主要な国際紙に「中東（アルシャルク・アルアウサット）」というのがある。また有名なカタール国のジャジーラ放送でも「中東」という名称は、キャスターが普通に用いている。これは日本で極東という用語に違和感があり、使用される場面が限られているのと違っている。

中東が植民地主義の名残であるといったしこりや抵抗は感じられないのである。その理由としてはおそらく、「中」というのはアラビア語では「ワサット」であるが、それは中庸や中央を指す言葉でもあるからだろう。イスラームでは中庸の徳を重視して熱心にそれが教えられる関係上、非常に敬意の的となり、なじみのある概念なのだ。

アラビア語の感覚からすれば、ワサットはもちろんロンドンと極東の中央なのではなく、世界の中央なのである。イスラームでは次のように信じられている。つまりアッラーが混沌とした渦巻く泥から地球を創造するに当たり、世界初の都市として形作られたのはメッカであるとされ、世界初の家はメッカにあるカアバ聖殿であるとされる。また地上初の山はクバイス山と称されるメッカ郊外の山である。世界初の物がイスラーム生誕の地であるサウジアラビアのメッカに集中しており、そこは文字通り世界の中心とされるのだ[**]。

* Clayton R. Koppes, 'Captain Mahan, General Gordon, and the Origins of the Term 'Middle East', *Middle East Studies*, Vol. 12, no.1 (Jan. 1976), pp. 95-98.

また中東（アルシャルク・アルアウサット）の用語の前半である、「シャルク」は東を意味する。要するに東洋であって西洋ではないということだ。実はこれも中東の人々の好みにマッチしているのである。というのは、基本的に西洋は端的に言えば十字軍以来の仮想敵であるから、自らは東洋でなければならないのである。だから日本は東洋の一員として温かい目で見られる一因となってきた。「われわれは、東洋人なのだから」という言葉を中東の人々は幾度となく日本人にかけてくるので、そうか、彼ら自身も東洋人という意識なのだということを知らされるのである。

中東という用語がかなりの歴史的背景を背負っている事情は以上のとおりだが、さらには欧米発の用語なのに、結構現地の中東でも好感を持って受け止められてきたことの理由も判明した。以上の用語をめぐる話は、それ自体が植民地主義支配による同地域を巡る多くのねじれ現象の一つに過ぎないということになる。

中東社会の特徴

中東を見たり考えたりするときに、日本と同じような人々や社会を想定すると理解が得られなかったり、また時に誤解したりするだろう。中東やアラブなどに関する出版物は少なくないが、このような異なる前提条件を説明したものはあまりない。そこで日本とは相当異次元で異質な諸側面を取り上げよう。それは中東の世界観を見る上での出発点となる。

緩慢さは人徳

社会の変化のスピードを計測する指数はないにしても、同じことを達成するのにかかる時間に相当差があることも経験上多くの人が知っている。中東はその点、非常に緩慢である。亜熱帯の国々はそうなりがちだという意味では南アジアもそうだし、あるいは中米やアフリカも例外ではない。

しかしここでもう一歩突っ込んで、中東固有の事情を見る必要があるだろう。少し逆説的な言い方になるが、緩慢であることは美徳であり、人徳としても見られるということだ。

イスラームでは性急さを避け、時間をかけることはすなわち忍耐強いことでもあるので大いに奨励されているのである。「緩慢さに平安あり、そして性急さは悪魔から」とアラブの諺《ことわざ》にいう。急ぐ人は軽く見られるのみならず、それは時に不徳の象徴でもある。

こうなると急ぐ理由がない。時間をかけて忍耐強くすることで、この世は人間中心に回っているのではなく、中心はアッラーであることを念頭に置いて感謝の気持ちを維持できるから、それは美徳になるのである。ちなみにアッラーほど忍耐強い存在はないので、アッラーを称賛するための修飾語の一つは、偉大なり、あるいは荘厳なりなどと並んで、寛大なお方であり「忍耐強いお方

＊＊　拙著『イスラームの原点―カアバ聖殿』（国書刊行会、二〇一〇年）

（サップール）」である。

だから人は自らが急がないし、また他の人を急がせもしない。そのように時間をかける中から、本当の自分であり友人などが生まれるという生活感覚は、日本からすれば意識しないとなかなか付いて行けないものだ。

約束の時間に遅れることにいちいちイライラしていては始まらない。招待状に書いてある時間は、開始時間ではなく家を出る時間程度にしか思われていないのが普通だ。そしてこの現象は社会全体だから、その意味で歯車は合ってくるのである。それに比べれば、一日五回の礼拝では分刻みで時間厳守なのは何ともけなげでもあり、また生活上の意識の成り立ちが日本とは別だということを知らされるのである。

昔は著者の郷里である京都でも、「京都時間」と呼ばれるものがあった。町内会などに一時間ほど遅刻してもそれほど問題にならず、遅れてきた人は「京都時間ですから」と断りつつ着席することがあった。イスラームでなくてもこういうこともあったのだ。自他共に緩慢さを受け入れることは、イスラームでは美徳の一つであり人徳でもあることをまず頭に入れておこう。*

組織よりは人間関係の重視

かつては日本も現代よりははるかに人間主体社会であったことを想像できるであろうか。あの人を知っているといったことに重きが置かれ、あるいはコネ社会とも言われた。中東ではいまだに仕事

の相手はその職務やポストではなく、その人物とどの程度親密な個人的関係を作って維持しているかが大きく左右するのである

このような習慣は一言で、工業化以前の社会習慣ともいえる。その名称は何であれ、欧米先進諸国は遥か以前にこの段階を卒業したし、日本もそれを克服すべしと考えて今日に至っている。しかし根回しという言葉とその慣行はまだ消え去ってはいない。

サッカーでも各プレイヤーの役割があり、それを念頭にボールを回すのが普通であるが、中東の選手たちはえてして選手の位置関係よりは、目前のボールの動きに引き付けられがちだと評価されている。これも人の役割を抽象的な配置図にして念頭に描くのが弱いから、組織軽視につながる側面があるといえるだろう。

このことはさらには、アラブ諸国における政治制度論の弱さの原因ともなっている。政治文化の話は後出するが、こうなると問題は深刻さを増すこととなる。制度がなければ秩序は保てず、その結果、今日われわれが見るような混乱と秩序喪失を余儀なくされる。また同時に生じる現象は個人崇拝に傾きがちで、組織的な動きはどちらかというと冷徹に過ぎる関係と思われがちになる。

議会という立法府の機能よりは、そのような箱物を設置することに重点が置かれて、せっかくの立憲議会制度は設立することに意義があり、いわば置かれただけの宝箱のようなものになる。伝統

＊　ムスリムの日常的な生活感覚については、例えば、片倉もとこ『イスラームの日常生活』（岩波書店、一九九一年）

的な政治制度はカリフ論中心であり、それは指導者個人の資格であるとか、彼が備えるべき目標としての人徳論に溢れていた。

人間関係を組織図のような抽象的な関係に押し込めたくない、それよりは直接目にする生身の相手の方にこそ重みがあるという感覚である。肩書を外してでも、友であり同朋であることによほど重きが置かれるのだ。兄弟は信頼関係の基いであり、生涯通じての人間関係の原型を提供しているといえる。イスラームで一番親しみのある呼びかけは、男子間では「私の兄弟よ」である。

ちなみに最近のテロ活動諸団体も例外ではない。彼らの中で綿密な組織図が作成されているとは耳目にしたことはない。「イスラーム国（ＩＳＩＳ）」が話題を呼んでいるが、それがそう長続きするはずはないという実感を与えるのも、制度化の弱さである。現場での指示関係などその場限りのものはあるとしても、それだけでは社会全体の信頼関係の醸成には役立たず、またそれだけでは国家の運営には不十分である。

あの世の臨場感と絶対の自尊心

これもイスラームの教えとは切っても切れない関係の話である。中東の社会は日本や欧米よりは、はるかにあの世に近い感覚を持っているのである。ただしそれは線香臭いといったものではなく、イスラーム固有の明るさと前向きな姿勢に満ちている。

この少々逆説的な側面をしっかり把握したいものである。イスラームでは、人の生涯やこの世はいかにも移ろいやすく、儚いものだとする「人生は溶け行く雪、あの世は輝く真珠」といわれる。人生は短いだけではなく、何といっても思うに任せないことだらけだからだ。しかしすべてはアッラーが取り仕切られると考えると、すっきりとする。つまりアッラーにお任せして、その後人の一生は篤信に善を積むことだけが日々の生きがいであり、生涯を通じての目標となるのである。そこには後ろめたさや、暗さは一切ない。

死ぬことはあの世への引っ越しであり、それは生まれ落ちた以上必定の旅路なのである。だから死ぬことを恐れている人はほとんど見かけない。問題はどう死ぬかであり、恐怖の対象はただ一つしかない。それはアッラーによる最後の審判である。審判で地獄行きとなるのか、あるいは果たして満願成就で天国に行くことができるのかに人の恐怖心は集中させられるのである。*

こうした両方の要素の組み合わせがムスリムの生活感覚である。そこでは人生のもろさと儚さ、そして他方では熱し切った情熱と教義に出て来る信者としてのアッラーのための尽力（ジハード）の両側面が入れ代わり立ち代わり交錯しているのだ。そして人生に何があっても、結局はアッラーの元へ戻るというのが、彼らの時空を超えた不変のシナリオである。

こうして彼らの人生観は堅固になるし、それは絶対の主アッラーに守られ、監視され、励まされ、叱られる日々となる。それは他でもない自信と誇りであり、無限大の自尊心でもあるのだ。しかも

* ムスリムの信仰上の精神生活については、拙著『イスラームの精神生活—信仰の日々』（日本サウディアラビア協会、二〇一三年）

それは何ら強制されたものではなく、自分が理性にしたがって選んだ道である。だからしっかりしなければならないのは、自分なのである。この自分がアッラーに服従することを誓約し、この誓約こそが自分が存在する証なのである。

以上がムスリムの実感であり、このような意識と認識の生活と社会が展開されているのが、中東という地域である。それは非常に広義の宗教社会といえるものである。しかしそれはただの儀式的な意味ではなく、命を賭けての生活すべてを包む形で現実に息づいているのである。もちろん現地の人々にとってはそれが一年を通じての常態であり、日常なのだから何も騒ぐことはない。

ただし常態とはいっても信者なら差別なく行なわれる巡礼の月や断食の月など、イスラームの大きな行事がある季節は別だ。さすがに彼らも特別の気持ちを持ち、あの世とこの世への思いを強く巡らせる時期となる。社会全体が宗教で仕切られている特別な雰囲気は、日本では天理市で少々味わうことができるし、米国ではソルト・レイク・シティなどにかなり色濃く残されている。

工業よりは商業の伝統

中東の伝統的な産業は貿易である。それはイスラーム以前からのものであり、フェニキア人やギリシアやローマの人々によっても継承されてきた。主要な貿易の品目は時代によって変遷してきた。古くは胡椒や香料、絹、陶磁器、そして近代に入ってからは紅茶、綿花、石油などであった。それらのどれをとっても東から西への産品であるので、それに困ったイギリスがとった策が、南アジアから中国に出された阿片《あへん》であった。

貿易路には陸路も海路もあった。そしてこの中継貿易が隆盛している間は、中東の経済は繁盛を極めた。立派なモスクや宮殿の建設費用の原資となったのは、貿易から生じる膨大な利益であった。ところがそれもバスコ・ダ・ガマらが南アフリカの喜望峰を周航して東西貿易の航路を確保してからは、徐々に低迷し始めざるを得なかった。

この期間中、中東地域の人々の生活パターンとそれに伴う習慣や生活意識が、伝統として固められることとなったのであった。商業は右のものを左に置くだけの営みであるとして、徳川幕府では士農工商として一番下の地位に置かれたことは周知である。中東はその真逆であるのだ。

商業に準じた表現が、コーランの中でも多数登場することは知られている。アッラーとの関係もそれに準じて誓約ではなくて「契約」という用語も使われているくらいだ。商業第一であって、工業生産ではなかったということは何を意味するのであろうか。その意味は、近代化の諸改革の過程において如実に現れざるを得なかった。

中東では地場産業が育ちにくく、外国製品に依存する傾向が強かった。また技術者は外国人雇用が主体となりがちであった。その様子は、日本とはこれまた真逆といえそうだ。日本では何でも自前の生産を重視し、技術に命を捧げる若人にも事欠かなかった。

中東の商才は、昨今の無利子金融による「イスラーム経済」の急速な発達にいかんなく発揮されたといえるだろう。それは理論を別とすれば、実社会には一九八〇年代に突然登場し、世界の資金の数パーセントを左右する規模に成長した。背景は言うまでもなく、石油、天然ガスなどの資源輸出から入る利益が膨大なものとなり、その有効な活用方法が喫緊の課題となったのであった。

ただしいわゆるイスラーム金融は実際には、行き所を失っていた比較的小規模なタンス預金を引き出して、市場への資金還流を実現したことであったと見られる。その間、国家規模の巨大な石油資金は、やはり巨大な国家プロジェクトや欧米への莫大な投資活動に回されているようである。

石油などの石化燃料が相変わらず中東経済の中枢である。課題はそのような天然資源を材料とする工業が起こせるかどうかであるが、その成果はいまだに今後の問題である。そして米国のシェール・オイル生産に追い上げを食らっているのが現状である。

column

飛び交う「新中東」地図

中東という地域名の歴史的な背景は本文に見たとおりだが、それは過去の歴史だけではなく、今日現在も大国によってもてあそばれている。それを物語るのが、「大中東」や「新中東」という呼称である。

イラクでの戦争も終わり、「アラブの春」が始まる前の二〇〇六年頃、「大中東」という用語が米国政府筋によって使用された時期があった。それは、モロッコから中央アジアのイスラーム諸国を含む範囲での将来図を描くものであった。それにはもちろんロシアとの対抗意識も働いていたと思われる。

この用語は今では日本や欧米ではあまり登場しなくなったが、中東諸国にとっては引き続き心配の種になっている。それは今では広く別名として、「新中東」といわれて登場する。ではどのような未来地図が描かれているのだろうか。

あまりに多数の試案が飛び交う中で、アラブ側も特定の新中東の地図に反応を示すという状況にはない。それはいずれやってくる狼かもしれないという気持ちなのであろう。そしてその心理状態からすれば、すでに地殻変動が始まっているといえよう。

要はこのような調子の地図は、「中東の未来」あるいは「新中東の地図（アラビア語だとハリータ・アルシャルク・アルアウサト・アルジャジード）」というアドレスで検索すると、数十種類ヒットするから驚かされる（Map of the New Middle East でも相当出てくる）。中東の未来が国境線の見直しということで大きな関心事となっている他に、中東の人々の考え方もまだまだ固まっていないことも手に取るように分かる。

昔有名になったイギリスの本に『沼地の近東』と題されたものがあったが、それは中東の土地柄をよく表している。国境などは不確定だし、しばらく経って沼地が乾燥すると全く別の風景が展開することとなる。誰が支配して、どの支配者が処刑されているか、いくらでも想定できるのだ。未来図はいくらでも書けるのが良いことなのか悪いことなのか、少しも日本では想像できない事態である。

そして相変わらず外国の力の介入を想定し、あるいはそれがしばしば隠密の陰謀であるといった発想がよく見られる。あまりにしばしばあるので、むしろそれを好んで楽しんでいるのか、ともいぶかしく思われるほどだ。中東ではすべての諸国がイスラエルより小国となることが欧米の目標だとしたりする。植民地時代の心理面での名残のようにも思えるのだが……。

なおこれらの地図を合わせて考えると、主な係争点は次の通りとなる。イラクをスンニ派・シーア派で二分するのか、北部にクルド人国家を認めるのか、ヨルダンを拡張して安全を保障することでイスラエルを現状にとどめられるのか、リビアは砂漠地帯をべルベル地帯として分けるのか、またエジプトとリビアと共通で南部のヌビア国を設けるのか、メッカなどの聖地を独立の国にするのか、などである。

いずれを取っても机上の図面を引くのと異なり、地上での実施はあまりに関連する諸問題が多くて煩雑であり、一体未来はどうなるのか、そしてそれは誰が決めることになるのであろうか、何とも釈然としない。

ところで図1は、二〇一三年にニューヨーク・タイムズ紙に掲載されたものである。この地図の性格や扱われ方は一向に言及されずに、アラブ各紙でも引用されて大きく報道された。さらに図2の地図は、クウェートの新聞に突然掲載されたもので、このような分断のための秘密工作が進行しているといった脅かしに近い報道であった。特段この地図の出所などは、記されていない。図3は出所不詳である。

図1

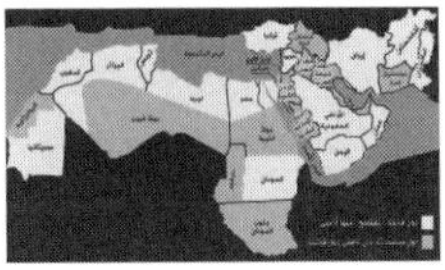
図2

図3

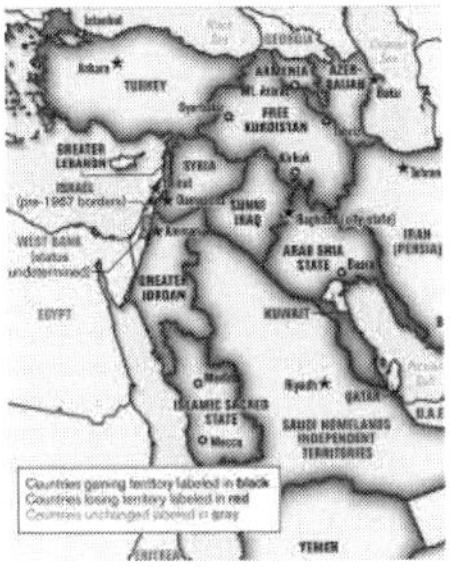

図4

一・「アラブの春と新中東地図」

図4は、二〇一六年の初めに、標記のタイトルで出された論考記事に掲載されたものであるが、その要旨は次の通り（https://arabic.rt.com/.../806024）。（二〇一六年二月二十日検

索）

「二〇〇六年六月、米国ライス国務長官がイスラエル訪問時に、『大中東』という言葉を使用し始めた。それと同時に国防省関係者は一枚の地図を明らかにした。その作成者は前国防副長官室勤務の、ラルフ・ピータースであった。それはクルド人国家を認め、イラクはシーアとスンニに二分し、メッカとメディナの地帯はバチカンのように聖地として独立させ、ヨルダンの拡張によりイスラエルの安全性を高めるものだ。それは米国にとっても有利となるだろう。このようなものは当初は私的なものと思われていたが、現在では北大西洋条約機構（NATO）も実際に検討対象としている。アラブの春がもたらした大混乱が、延いてはこのような案を現実のものとするのだろうか。」

二．「新中東の噂と真実―実施の現実性」

これは前述の記事で取り上げられたのと同じ、米国防省筋の新中東地図を念頭に置いて論じた論考記事で、サイト新聞「アラブ情報ネット」に出たものである。（http://www.anntv.tv/new/showsubject.aspx?id=40914）（二〇一六年二月二十日検索）

「これは米国の陰謀である。そしてイスラエルをナイル川からユーフラテス川まで拡大するという、イスラエルの野望も遂げさせようとするものだ。

ウィキーリークスによって米国の秘密が多く暴露されたが、『アラブの春』も計画の一部に入っていた。それは昔の植民地主義を改めて、自由と民主主義の国々で構成される新中東を目指している。第一次大戦後には、英仏による中東分割のサイクス・ピコ協定が秘密裏に作成された。しかし今度は米国の手による、新サイクス・ピコ協定というべきだろう。

エジプトのムスリム同胞団とは米国は手を結んできている。二〇一一年春、フランクフルトにおいてCIAと同胞団の間で隠密裏の協議が行なわれた。シリアの統治はトルコとムスリム同胞団に委ねることを米国は考えている。

米国の世界戦略の第一優先課題は中国の弱体化であるが、中東に関しては戦乱の長期化である。それにより軍事産業は安泰であり、それが米国政府にとって重要なことであるのは言うまでもない。」

これではまたまた陰謀説であるが、題目にあるようには「実施の現実性」に関しては、あまり議論が及んでいない。被害妄想に近い発想が支配しており、それでは中東諸国や諸国民はどうするのかには、筆が伸びていないのである。

しかし見えてくるのは、シリアの危機を越えて存在する、イスラエル問題の大きさである。その安泰を図るために中東地域全体のバランスを考案し、その結果が自由・民主の路線に沿っているようにするという米国の政策意図は正確に読み取っているといえるだろう。

現状は図5の通りである。

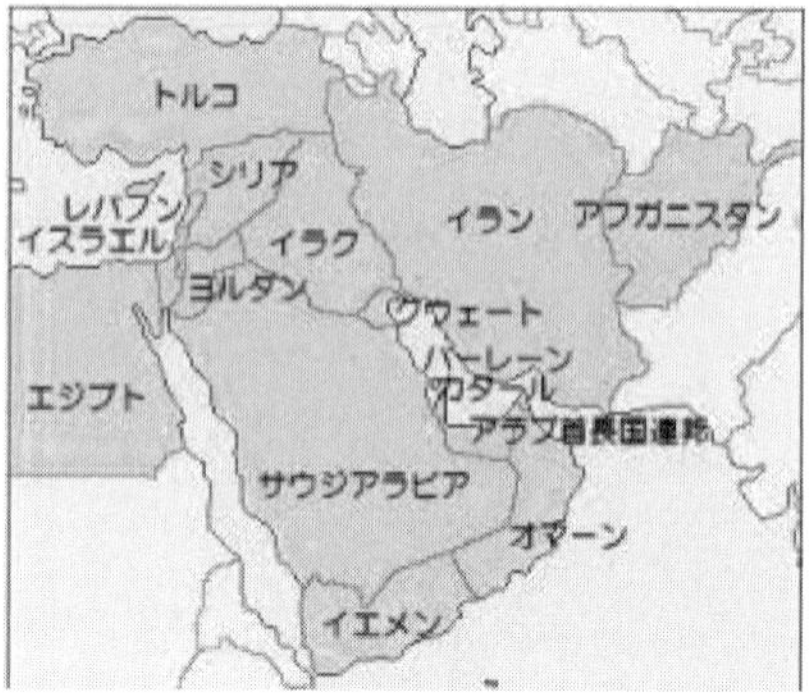

図5　現状

第1章　宇宙観

宇宙観を見る意味

宇宙のことをいうのに、アラビア語では二つの単語がある。一つはファダーで、これは空間という意味である。もう一つはカウンであるが、これは存在という意味である。これらの二つのうち、通常は前者のファダーが用いられて、後者のカウンは神との関連で用いられることが多い。

このように空間と存在が同じものを指しているということは、これら両者は重なって理解されているともいえる。存在全体を包む空間が宇宙であり、空間の広がりである宇宙は存在の居場所を担保するものということになる。このような宇宙の捉え方は日本語と異なっているので、まずは慎重に理解しておきたい。

そして中東の世界観を語るのに、どうしてその宇宙観を見るのかという理由について改めて確認しておきたい。

わが国の場合、宇宙や存在の始まりについて深刻に考える風潮は古来あまりなかった。その最大の理由は、自然宗教的な神道は言うに及ばず、仏教にしても生々流転、あるいは因果関係の連鎖として縁起の法則の中で発想することが一般的だったからであろう。そこからは、物事に逆らわない従順な姿勢が導かれ、協調性重視の伝統も育まれてきた。非常に静態的である。

しかしこれと真逆なのが、絶対主による天地創造を説く中東の一神教の考え方である。「在れ」という一言の命令で、すべてが創り出され、存在してきたのである。だから無から有への変化がまずあって、次いでそこに在ってはならないものを排除し、さらには在るものはより優秀なものにしようという強烈な発展への憧れも同居している。非常に動態的である。

ここまでくれば、もうあまり言葉は必要ないだろう。中東の宇宙観・存在観への理解が、生活レベルにまで達する形で彼らの世界観を理解する第一歩になるのだ。しかもそれはただ頭で理解するというよりは、日常生活にも深く関与している要因として、いわば体を張って理解することが必要になるということも。

中東ではこちらの顔を覗き込むようにして、「日本人はこの驚くべき身体はどうして在って、一体誰が何のために創ったと考えるのかね？」と聞かれることがよくある。その度に、日頃思いもしない問題だけにドキッとして、彼らの発想の出発点はすべての存在の不可思議にあることに気付かされるのだ。

宇宙創造の情景

それではイスラームの原典であるコーランや預言者伝承などに説かれている天地創造物語をしばし見ることにしよう。中東ではそれに依拠してものを見て、そのような脈絡で世界を把握するのが一般的だということだ。もちろん人によりその強弱や濃淡の差がある上に、地域内には同じ一神教でもキリスト教徒やユダヤ教徒も共存しているわけだが、最大公約数の姿を対象とすることとする。その情景自体に意味があるというよりは、人間の創造も含めて、そのダイナミックな営みの描写を少し細かく見ておこうということだ。

創造の主

渦巻く煙のような混沌の中から創造は着手されたという。

「アッラーは、すべてのものの創造者であり、またすべてのものの管理者である。」（集団章三九：六二）*

「それからまだ煙（のよう）であった天に転じられた。」（フッスィラ章四一：一一）
「天と地を創造し、暗黒と光明を定められる、アッラーを讃える。」（家畜章六：一）
「**われ**は大地を広々としなかったか。また山々を杭としたではないか。**われ**はあなたがたを両性に創り、また休息のためあなた方の睡眠を定め、夜を覆いとし昼を生計の手段として定めた。」（消息章七八：六―一一）

アッラーは万有の創造主であり、唯一の統治者なのである。創造の起因としては、ただ「在れ」という一言で十分だった。そして創造の命令は、瞬時に出された。
「（かれこそは）天と地の創造者である。**かれ**が一事を決められ、それに「在れ」と仰せになれば、すなわち在るのである。」（雌牛章二：一一七）
「**かれ**（アッラー）が泥でかれ（アーダム）を創られ、それに「在れ」と仰せになるとかれは（人間として）存在した。」（イムラーン家章三：五九）
「また**わが**命令はただ一言、瞬きのようなものである。」（月章五四：五〇）＊＊

創造の日数

日数については、次のようにある。

「あなたがたは、二日間で大地を創られた**かれ**を、どうして信じないのか。」（フッスィラ章四一：

九）

「**かれ**は、そこに（山々を）どっしり置いて大地を祝福なされ、更に四日間で、その中のすべての（お恵みを）求めるもの（の必要）に応じて、お恵みを規定なされた。」（同章四一：一〇）

「そこで**かれ**は、二日の間に七層の天を完成なされた。そしてそれぞれの天に命令を下し、（大地に）近い天を、**われ**は照明で飾り、守護した。」（同章四一：一二）

天地は六日間で創造されたことが、コーラン全体で七回も繰り返し明言されている。ただしコーランには、アッラーの一日とは、人間の計算する千年（アッサジダ章三二：五）、あるいは五万年（階段章七〇：四）に相当するとあるので、普通の日数計算でないことは確かである。

大胆にして繊細な創造

アッラーの創造は全体の構築という大規模なものに加えて、最も繊細で機微な側面も同時に達成

＊　以下の引用に際しては、『聖コーラン』（日本ムスリム協会、二〇一五年）を適宜調整した。引用中の太字は、アッラー自身を指している

＊＊　本書では存在に第一原因としての創造があるという感覚を重視している。しかしその次の段階として創造による存在は、アッラーの意思によるので因果律の対象にはならないという感覚をアラブ人の原子論的存在観と称して、それを強調するものもある。井筒俊彦『イスラーム文化―その根底を流れるもの』（岩波書店、一九八一年）六五〜七二頁。牧野信也『アラブ的思考様式』（講談社学術文庫、一九七九年）

するものであった。

「またかれはすべてのことを熟知され、配慮されておられる。」（家畜章六：一〇三）

「かれは、深奥を理解し通暁なされる。」（大権章六七：一四）

万物が創造されたさまを見て、その微妙さや巧みさに目を見張らない人はいないだろう。大きな樹木全体にバランスがあると同時に、その葉一枚一枚にもまた固有のバランスがある。また信者が善行を行なえばそれを十に勘定されるが、過ちは一としか数えられず、人が悪を思い立ってもそれを止めれば一つの善行と数えられる。このような些細な人の心の動きも見逃されない。

天国と地獄の模様

宇宙の創造論がそのまま今日も生きているように、以下に見る来世の情景もほぼ同様である。他方、地獄の恐怖と天国への憧れは、二十一世紀の豊かな時代背景と共に、それが文字通り受け止められるような強いインパクトは薄れつつあるといえそうだ。ただしどこまで行なっても、これ以外の来世物語は存在しないし、誰も求めているわけでもない。つまり時流に押されながらも、いまだに生きた世界観の主軸をなしていることは間違いない。

① 死んだ後の中間段階

イスラームでは、人が生きるのも死ぬのもアッラーの意向次第と考える。また生涯を通じて人は、毎日生と死の世界を往復しているともされる。夜就寝するのは、アッラーがその人の精神を一時的に奪って死をもたらしたからだ。その際魂はまだ体内に留まっているので、この状態は「小死」と呼ばれる。そして翌朝目が覚めるのは、その人の精神が戻されるからである。そこで朝一番に信者が口にするのは、生を戻してもらったことへの感謝の言葉である。

しかし何時の日か、誰でももう二度と戻ることのないかたちでこの世と別れを告げる。これが普通にいう死だが、魂は体の外へ離れてしまい、「大死」と呼ばれる。何時どこで大死を迎えるかは、アッラーのみが知る。亡くなった人の目が上を向いていることがよくあるのは、魂が抜けていくのを見届けているからだとされる。

人が死去する時味わう苦痛は、神経が働いているのに魂が体内から出て行くために生じるものである。信者の魂は麝香《じゃこう》の香りがするという。そして一旦魂は天上まで上ってから、次いで死者の肉体へと戻り、その後は生と死の中間的な状態へ移る。

この中間態がバルザフと呼ばれる世界である。バルザフは地上で言えばまさしく生と死の間で、それは寝ているのに動く状態であると説明される。他方で不信者は処分の決まる最後の審判以前ではあるが、バルザフの世界において既に様々な懲罰を受けることになる。これは「墓中の苦痛」と呼ばれる。

② 最後の日と復活

最後の日がやってくる時はアッラーのみがご存知である。突然に到来するという。

「それを知る方は、ただ私の主だけである。……全く突然あなたがたにやって来る。」（高壁章七：

一八七）

最後の日の情景は次の通りである。

その日ラッパが吹き鳴らされ、イエメンの方向から薫香の風が吹いて来ると、信者はシリア方面へ集められる。そしてイスラームは終焉を迎え、カアバ聖殿も崩壊する。悔悟する機会もこれで終わりとなる。そして三日間太陽は逆転する。次いで太陽と月が合体し、天空は裂けるようにちぎれて、海は沸騰する。すべては混沌の中にあったという天地創造の振り出しに戻るような情景であり、あらゆる天地異変が生じている。

次いでは復活の日である。その日は最後の日が始まってから、四十経過してからだという。しかしその単位が、日、月、あるいは年のいずれかは分かっていない。いずれにしてもそれは金曜日であるが、二度目のラッパを天使のイスラーフィールが吹き鳴らして復活が始められる。復活の日は、地上の単位で言うと五万年かかるという。

復活して大地から初めに出てくるのは、預言者ムハンマドである。そして信者は全員白い土砂が敷かれた他には何もない土地に集められる。これが「アッラー直覧の日」である。その際アッラーが問われる言葉は、「尊大で慢心で驕《おご》る者は誰か？」ということだ。

他方、不信の輩はこの間裸のままで放置され、肌は青色になっている。着衣しているとしてもそれは火から出来た服である。彼らにはもはや視力、聴力はなく、口もきけない状態で暑くて流れ出る汗に溺れそうになっている。

各自の行ないを記録した帳簿が空を飛んでいるが、やがて人の手に落ちてくる。その際それを右手に受け取った人の帳簿には善行が記され、左手にした人には悪行が記されている。

③　最後の審判

最後の審判でまず問われるのは、その人の信仰のあり方、なかんずく礼拝の実施振りである。審判実施に際して遵守される諸原則としては、公正であること、他人の行為と混同されないこと、自分の行為は記録の書に見ることになること、善行は積み増しの報奨があること、心より悔悟していればそれも善行に数えられることなどである。こうして善悪の秤にかけられて、審判は下される。

「人間が飛散する蛾のようになる日。また山々が、梳《す》かれた羊毛のようになる日。」（恐れ戦く章一〇一：四、五）

「かれの秤《めかた》が（善行で）重いものは、幸福で満ち足りて暮らすであろう。だが秤の軽い者は、奈落がかれの里であろう。」（同章一〇一：六～九）

そして善き信者は冠をかぶせられて天国入りを果たす。但し天国に行くにしても、そこには色々の段階が用意されて、天国での待遇も種々ある。通説的にいわれるのは、千人に一人しか天国行きはかなわないそうだ。

他方不信者を地獄に連れてゆくために、アッラーは合計四十九億人の天使を引き連れてこられるという。そして地獄行きの罪人は足ではなく顔で歩く。しかし地獄で十分悔い改めてアッラーへの帰依を誓約すれば、いずれ天国に迎え入れられる可能性はある。彼らは「地獄上がり」と称される。

永劫に地獄に留められるのは、その人があくまでアッラーに服従しないで、反抗し自信過剰で傲慢な態度を取る場合である。

④　天国の様子

天国（ジャンナ）はあの世の快楽と至福の世界であるが、最大の至福はアッラーのご満悦を得ることである。この幸せは地上のどのような楽しみも小さく思わせるし、またそこでは呼吸をすること自体がアッラーを称えていることにもなるという幸せもある。

天国は現在すでに存在し、最後の日にも消滅しない。そこでは眠りはない。究極の安寧で、至福（トゥーバー）と称される。

天国はこの世からは見えないものの一つであるが、信者はその存在を信じ、そこへ入るため善行に励むことが勤めとなる。ただし信者の善行は必要条件であって、十分条件はアッラーのお慈悲とお赦しがあることである。

天国には百ほどのさまざまな種類や段階がある。人がどれだけ善行を積み、努力し辛抱したかによって差が出る。特に、良い子供を育て、良い知識を世の中に提供したか、日頃の喜捨はどうかの三点が評価される。

天国への入り方も、ただ入れてもらう場合、アッラーの顔を拝見できる（満月を見るごとくに、アッラーが信者の心を満たす）場合、そして最高の形はアッラーのご満悦が得られるというものである。そこでの互いの挨拶は「平安あれ、アッサラーム」である。

天国入りの情景は次の通りである。炎の上の橋を渡って溝を渡り、門をくぐって天国に入る。入り口には天使の門番がいる。門は続く形で八個あるが、その門の幅は、ラクダで四十年かかるというとてつもない距離がある。そして一つ一つの天はまた、大変な距離で隔てられている。一番上は、フィルダウスと呼ばれる。天の樹木、泉、川にはいくつもの種類があるが、木はスィドラ、川は預言者ムハンマドに与えられた川でカウサルと呼ばれるものが知られている。楽園の数は、数えられないほどある。信者で一杯になることはない。頂上には玉座があり、また下へ流れるカウサルの源泉がある。

「アッラーは自らの手で楽園を、白い真珠、赤いルビー、緑の宝石で創られ、壁は麝香で草はサフランで敷き詰められた。そして、出来たよ、と楽園に向って言われた。」（アルブハーリー、ムスリムニ真正伝承）

棘のない巨大なスィドラ、腐らない水、乳、酒（この世のものとは異なる）、蜜の豊かな川、取り放題の果実（ナツメヤシ、ザクロ、ブドウなど）、泉（サルサビールやタスニームと呼ばれる）からの樟脳《しょうのう》（カーフール）や生姜（ザンジャビール）を入れた飲み物、食べ物（ラクダのような鳥など）も食べたい放題。金や銀の食器、絹（スンドゥス）、錦（イスタブラク）の衣類、家具（褥あるいは枕・ナマーリク、絨毯・ザラービーユ、寝床・スルル、高椅子・アラーイカ）など。もちろんこれらは地上のものとは異なっている。例えば樹木の影に入ってその影から出るには、馬で駆けて百年は掛かると言う。しかもその樹木は黄金である。

何人もの美しく大きな目をした女性が仕える。地上の妻はこれらの女性の長となり、また天国には嫉妬心は存在しない。

透明な城、宮殿、館は幾つもたくさんあり、高い天幕も張られている。というのも全員が身長は三十メートルほどで、年齢は最盛期の三十三歳である。十二回追加の礼拝をすれば、望みの礼拝所が建造される。太陽、月はなく、朝も夕方もない。ただ光が玉座から輝く時が、朝に相当する。

以上のようにどの天国であれ、そのあり方や生活はこの世のものとはおよそ異なっている。従って天国の描写は、すべて比喩的な表現ということになる。そこは永劫の館、至福や快楽の常なるところで、天国の飲食も快楽のためであって、飢えや渇きは存在しない。

天国では、アッラーが一日二回、コーランを読まれるのを聞ける。アッラーを訪問し尊顔を拝し、話しかけられ、微笑みかけられる。これが天国最良の至福である。

「善行をしたものには、すばらしい報奨があり、また追加もある。」（ユーヌス章一〇：二六）報奨は天国入り、追加はアッラーの尊顔を仰ぐことと説明されている。

⑤　地獄の様子

地獄（ジハンナム）もアッラーが創造されたものである。不信者は次々と橋から落ちて、その下には絶えることのない業火《ごうか》の炎が待ち受けている。

地獄は何層もあり、下へ行くほど厳しいものになっている。悪魔のイブリース、不信の支配者（ファラウーン）や邪なイマーム（礼拝指導者）、傲慢な人、嘘つきなど不信仰の罪を犯してそこへ追いやられるものどもは、永劫に生きも死にもしない状態に置かれる。不信者は頭皮をはがされて、暗黒の中を歩む。

次の一節は、この情景を一番端的に表わしている。

「災いなるかな、すべての悪口を言って中傷する者。財を集めて計算する者。本当にその財が、かれを永久に生かすと考えている。断じてそうではない。かれは必ず業火の中に、投げ込まれる。業火が、何であるかをあなたに理解させるものは何か。ぼうぼうと燃えているアッラーの火、心臓を焼き尽くし、かれらの頭上に完全に覆いかぶさり、列柱の中に。」（中傷者章一〇四：一～九）

さらには不信者の脳味噌は沸騰し、足元にはとがった砂利が敷き詰められ、体からは膿が出ていて、着衣は燃える火に包まれている。また口にすることの出来る唯一の食べ物であるザックームの樹木は、棘が一杯あり、それは体内で胃腸を燃やすと言う。

業火は人で一杯になることはなく、収容者数に限界はない。但しこの業火というのは、この世の火とは異なるものである。

このような地獄の責めから逃れられるように、いつもアッラーの助力をお願いして祈りを上げるのは信者の義務であり嗜みの一つである。その一番典型的なものは次の言葉である。

「主よ、現世でわたしたちに、幸いを賜い、また来世でも幸いを賜いたまえ。業火の懲罰から、わたしたちを守ってください。」（雌牛章二：二〇一）

現世と来世

現代物理学では可視界は全宇宙の四パーセントであり、二三パーセントは放射線など存在は知られるが不可視界、残る七三パーセントは不可知界とされる。非物質（感情、審美感、宇宙全体の運行や成り立ち）は益々不可知界となる。宇宙は百三十七億年前、地球は四十七億年前にできたとされる。しかし実証され認識されるのは、そのうちのほんの僅少であることになる。

「そこ（来世）には目で見たことのないもの、耳で聞いたことのないもの、あるいは人の心に浮かんだことのないものが配置されている」と、アルブハーリーとムスリムの預言者伝承集にある。言い換えれば、来世をこの世の言葉で直接に描写するのは難しいということになる。それを思えば、イスラームの来世の教えの主眼点は、良い来世を目指して名誉や金銭といったこの世の一時的な俗欲を抑制し、尽きぬ野望を克服するための教えということになる。

現代科学の挑戦

絶対主がすべてを創造され、その中で人間には格別な地位を付与されることとなったという宇宙創造説に対して、近現代に至って大きな挑戦状が突き付けられることとなった。それが西欧渡来の科学であり、唯物論や進化論であった。

西欧では科学の進歩はキリスト教支配を突き崩してきた。しかしイスラームはその挑戦を巧みにかわしつつ、自らの論理でその毒性を抜いてしまったというのが現状だ。それだけにイスラームの宇宙観が今も十分に中東のマインドを支配する結果になっているのだ。

科学万能主義への反論

多くの識者が論陣を張ってきたが、ここではアルジェリア出身で多数の著作で知られる、アブー・バクル・ジャービル・アルジャザーイリーを紹介することとしよう。彼は非常に流布された書籍の冒頭で次のように述べている。これはこの問題に関する典型的な論法と言える。

この宇宙の諸現象に関して、科学者たちはその原因や神秘性を巡っては完全にお手上げだと認めている。方法を聞くとしても、理由は聞いてくれるな、というのである。どのようにして、と聞かれれば回答はあるが、それはどうしてと聞かれると回答はないのだ。それは神的な啓示の分野であり、われわれには近づきがたいとするのだ。

確かに科学は長足の進歩を遂げたが、人類の苦難は変わりない。日々より大きな苦労を背負い込んでいるようなものだ。現実を実際に見ればいいのであって、真実の教えは人間にとって必要であり、その代替物がないことは明白である。人の完全性と幸福はその教えに依拠しているのであり、結果は原因に、帰結はその理由に従っているのである。*

科学は進歩しても、人の苦痛自体が解消されたのではなく、むしろそれは増大し先鋭化しているとすれば、その解決策は物的なものではないということになる。精神的であり心的な施薬がなされなければならない。それは代替されえない信仰固有の役割であるとするのである。

もちろん右記以外にも多くの類似の議論が見られる。時系列的には遡るが、エジプトの歴史家でイスラームに関して初めて実証史学の手法を用いたアフマド・アミーン（一八八六—一九五四）の主張も補強のために見ておこう。ちなみに彼の処女作である『イスラームの暁』では、イスラームの発生は周囲の幾多の宗教の影響も受けていたと論じたが、それは従来イスラームは唯我独尊で登場したという見解を否定するものとして物議をかもした。彼は、一九四二年のラマダーン月に四回に渉って「科学と宗教」と題する講演を行なった。[**]

> 真実は科学でのみ到達できるのではなく、芸術や宗教も同様に異なる側面の真実を明らかにしてくれる。可視的で物質的な側面は科学が明らかにしてくれるし、芸術は美や清純さといった不可視世界を扱う。それら両者を越えて、宗教は精神性を扱い、それは抽象的なものに意味を与え、全宇宙の第一原因も明らかにしてくれる。結局のところ宗教と科学は互いに補完しあうのであって、真実探求という点では合致している。

進化論は決して創造の根源を解明するものではない。また科学はいかにという方法論を論じても、それは何かという本質論には答えないのである。そして最後に出る言葉としては、アッラーは宇宙の主であるということに尽きている。

以上は科学の圧倒的な力を前にして、イスラームの、そして宗教全体の変わらざる固有の意義を強調している。本質は何か、そしてなぜという問いかけ、あるいは人はなぜ生きるのか、人生の目標とは何かは科学の課題を超えたものであるという指摘である。この指摘はいかに科学が進展しても、何も影響は受けないものとして主張されている。

唯物主義の排斥

近代科学は思想的には唯物主義に帰着する物質主義であるが、唯物主義こそ排斥されねばならないという論法も、近現代のムスリム識者の間でしばしば見られる。これについては現役のイスラーム伝道者として高名なカタール在住のエジプト人ユースフ・アルカラダーウィーの議論を見ておこう。

＊　Abu Bakr Jaber al-Jazairi, *'Aqida al-Muumin*, Cairo, Dar al-'Aqida, 2004. p. 21.

＊＊　Ahmad Amin, "Al-'Ilm wa al-Din," *Al-Thaqafa*, Sept. 22, 1942. *Fayd al-Khatir*, vol.4., pp. 148-154.

（唯物主義者の見る人間とは）重要性はなく何も格別なことはない存在だ。地球上の多様な生物の一つにすぎず、動物、昆虫、あるいは這い回る動物や（飛び跳ねる）猿の一種に過ぎない。結局それは時間の経過により「進化」したに過ぎず、結果として人間になったというのだ。

そしてそれが住む地球は太陽系の天体の一つであり、その太陽系も全宇宙という膨大な全体の一部にすぎない。それは何十億という単位である。こうしてコペルニクス以来の近代的宇宙論によって、われわれは人間とは壮大な宇宙の中の取るに足らない極小の存在であると教えられた。

確かにわれわれは宇宙と比較するならば、規模といい寿命といい極小である。しかしその魂と精神的な意味合いからすると、実に大きいのである。……信仰を持つ人は、死は人間の終幕だとは考えないで、それは終わりのない永遠への引っ越しであると考えるのである。永劫の家への移転にすぎないのである。*

ドイツの哲学者フリードリヒ・ニーチェ（一八四四―一九〇〇）は「神は死んだ」と説いたが、唯物主義からすれば物的数的に証明されない事柄には市民権はなく、市民権のないものは誤解と失策を生じる悪魔ということになる。一方イスラームからすると、それは最も唾棄すべき現代の不信者（カーフィル）に過ぎないということになるだろう。現代社会では唯物主義がイスラームの最大の敵ということにもなる。

この論争で人間について一番問題となるのは、結局のところ魂の存在とその働きを認めるかどうかという点に掛かってくることとなった。当然イスラームはそれを正面から認めるところから出発する。

そこでドイツのオスヴァルト・シュペングラー（一八八〇—一九三六）の周知の著作『西洋の没落』の次の一節は、格好の証左としてムスリムたちがしきりに引用したものとなった。

信仰の喪失から、人は心の平安を失い、その代わり科学的猜疑心が広まった。同様に人は精神的なものを忘れて物質的なものを重視した。そして永久の現実という幾世代に渉る証拠が求められるものよりは、もっと入手が容易な現実に頼ることとなった。＊＊

一九三〇年代に出版された同書は、通常欧米では知的には二級品としての評価が与えられることが多い。しかしそのような評価の作品に依拠することが問題なのではなく、ここでのポイントはイスラーム流の主張を補強する好材料は西欧側からも提供されており、それにイスラーム側は意を強くしているということである。

＊ Yusif al-Qaradawi, *al-Haya wa al-Iman*, Muassat al-Risala, Beirut, 1991. p. 49. and p. 52.
＊＊ Oswald Spengler, *The Fall of the West*, London, 1933. 2 vols. in one vol., p. 33.

進化論は軟着陸

物質主義が徹底的に拒否されたのに比べて、進化論は比較的イスラームの土壌に軟着陸した。この興味のひかれる結果については、少々異なる状況にあったので、ここに付言しておこう。

チャールズ・ダーウィン（一八〇九―一八八二）の進化論は、神の創造説を否定するものとして欧米で強い反発に見舞われてきたし、いまだに真剣にそれを否定する活動家の運動が米国に起こされていると報じられている。米国南部の州には、ノアの方舟を実際の大きさと想像されるサイズに建造して、それを博物館の建物にしているところがあるそうだ。また公立の学校では進化論を教えない州がいくつかあるとのことである。

進化論は中東ではどのように受け止められたのか。これはすでに見たイスラームの宇宙創造説との関係で注目される。結論的に言うと、創造説と矛盾するからというのではなく、神や魂の否定になるような物質主義として見られるときには、進化論は拒否され非難されたのだった。*

中東における進化論の紹介は、十九世紀後半、エジプトに移住したレバノン・シリア移民の文筆活動によってはじめられた。特に知られているのは、シブリー・シュマイル（一八五〇―一九一七）が一九一〇年に出版した、『進化論』（アラビア語の表現では、『成長と向上の理論』）という著作である。彼は大半のシリア移民がそうであったように、ムスリムではなくキリスト教徒であったが、進化論で物質主義思想を喧伝しようとし、結局のところ無神論者というレッテルを貼られた。ただし彼の意図は、オスマン帝国の圧政から逃れるために西欧の科学力を活用できないかと模索したのだとされる。

これに対して、宗教の立場から多くの反論が出されたのは当然であった。稀代の宗教活動家で国際的に知られることとなった論者は、ジャマール・アルディーン・アルアフガーニー（一八三九―一八九七）である。イスラームの復興により、西欧植民地主義と戦うというのが、彼の主要テーマであった。

彼自身がダーウィンの著作を読んだわけではなかったが、ともかく進化論を拒否する論陣を声高に張った。第一には、猿から人が生まれたという考えはあまりに奇異で、彼はとても付いて行けなかったということが大きかったようだ。もう一つの主要因は、進化論者たちは西欧寄りだという政治的なものであった。植民地主義者に手を貸しているという非難である。政治的なキャンペーンに熱心であった、アフガーニーらしい視点であった。

ところがイスラームは理性の宗教であるとの立場もあり、科学も同様に理性の産物であるので、そこに進化論批判の弱みがあったといえる。アフガーニー自身も進化論の科学的な立場は認めざるを得なくなり、晩年には進化論を正面から唾棄することはなくなったとされる。

こうして進化論は、物質主義、あるいは無宗教の立場とは相いれなかったものの、徐々にそして静かにアラブ世界に浸透し始めたのであった。その領域は偏に生物学に限らず、政治、経済、さら

＊ Cf. Adel A. Ziyadat, *Western Science in the Arab World, The Impact of Darwinism, 1860-1930*, New York, Palgrave Macmillan, 1986.

には文学批判などの分野にも適者生存や弱肉強食など、進化論的な発想と論法がひたひたと忍び寄っていった。また進化論もアッラーの産物の一つであり、それは人に与えられた試練であるといった形で、巷でもイスラームに飲み込まれる現象が見聞きされるようになっていった。

column

人の尊厳

宇宙創造により万物が登場したのだが、それだけだとすると、人間もその一部としか見られない恐れがある。ところがイスラームではそうではなく、人には他の被創造物に見られないような格別の尊厳が付与されたことについてここで確認しておこう。

ア．経緯

先般のアラブ革命を通じて、「尊厳（カラーマ）と人間性を」というのが一つの大きな標語となっていた。独裁政治の下ではそれらが無視されていたということである。さらにエジプトの場合は、「エジプト人よ、頭を上げよう」という謳い文句も付けられることが多かった。これは「尊厳」の主張であると同時に、独裁政治以前のイギリス植民地時代以来広く見られた従属的な姿勢と発想に釘を刺そうとするものでもあった。

ところがこの「尊厳」は、イスラームの中で人に関してそれほど叫ばれてきた価値観ではなかった。むしろアッラーは崇高である（カリーム）、といったときに使用された言葉であり、概念であった。それが転じて、人間については、気前がいいといった意味合いで用いられることとなった。そこへ近代西欧の人権思想の流れで「尊厳」ということがいわれるようになって、ようやくその言葉がアラビア語にも流布するようになったのであった。アッラーではなく人間に関しての脈絡では、それは元来、欧米からの輸入品であったのだ。日本語でもまだ多分に「尊厳」は、翻訳用語の語感が残っているのと同じである。ところが昨今の革命運動を通じて、今やイスラームの生活でも一つの中心を占める価値観となったのである。

伝統的には人間に関しては、名誉（イッザ）、光栄（シャラフ）あるいは誇り（ファフル）といった方が、アラビア語としては「尊厳」よりも違和感がない。今日もそれらの価値が減少したというわけではないが、「尊厳」の方がアッラーの特性と強くつながっているだけにやはり人間の臭みが抜けて、一段高い次元から見ているという感覚がある。

イ．人の格別な地位

まずアッラーは、人間を最も素晴らしい姿に創られた。

「アッラーはあなたがたのために大地を安息所とされ、大空を天蓋となされ、また、あなたがたに見事な姿を授けて、形作り、色々な良い御恵みを支給された方である。」（ガーフィル章四〇：六四）

「本当に**われ**は、人間を最も美しい姿に創った。」（無花果章九五：四）

人とアッラーはいつも近いところにある。それは人の体内にまで及ぶものである。

「**われ**のしもべたちが、**われ**についてあなたに問うとき、（言え）**われ**は本当に（しもべたちの）近くにいる。かれが**われ**に祈るときはその嘆願の祈りに応える。」（雌牛章二：一八六）

「東も西も、アッラーのものであり、あなたがたがどこを向いても、アッラーの御前にある。」（同章二：一一五）

「**われ**は（人間の）頸動脈よりも人間に近いのである。」（カーフ章五〇：一六）

また人はアッラーの地上における代行者として位置づけられる。

「本当に**われ**は、地上に代理者を置くであろう。」（雌牛章二：三〇）

是非善悪の判断力と篤信への尽力の能力が与えられているが、それは反面、人に与えられた試練でもある。そのような人間に対して、判断力が賦与《ふよ》されることがなかった天使たちは、挨拶をして尊敬の意を表することとなる。それはアッラーの命令でもあった。しかし、その命に天使たちは当初不服を表したが、結局は悔悟して天国の参拝の館の周りを巡回することとなった。

「**あなた**は地上で悪を行ない、血を流す者を置かれるのですか。わたしたちは、**あなた**を讃えて唱念し、また**あなた**の神聖を讃美していますのに。」（同章二：三〇）

これが天使たちの不満の声であった。また参拝の館を巡ったのが、巡礼行事の始まりであったともされる。他方そのアッラーの命に終始反して人間への敬意を表さなかったのが悪魔であるという関係になる。

「その時、皆平伏したが、悪魔だけは承知せず、これを拒否したので、高慢で不信の徒となった。」（同章二：三四）

以上がコーランを踏まえた筋書きである。しかしアッラー、人間、天使、悪魔という登場者を文字通り具体的な姿で思い浮かべるだけではなく、それらが持つ役割や機能を中心として、今少し一般化したかたちで理解することも可能である。つまり絶対的な全宇宙的な体系の主（アッラー）の存在を前提に、その絶対意思を反映し実施するように務める立場の存在（人間）と、その絶対意思を反映するだけの存在（天使）とそれに背くだけの存在（悪魔）に仕分けられているということである。

このような位置関係を踏まえれば、イスラームにおける人間讃美の全体像がはっきりするであろう。知識と愛情やアッラーに近いことや被造物からの敬意を人間に賦与されたが、それらは他の存在には与えられなかったものである。さらには人間には啓示が降ろされたという大変な恵みも与えられたのであった。それらのすべて、そしていずれもが他の被造物には見られないものである、ということは言い換えれば、それは絶対主は人間を格別な存在とされたということにほかならない。そこに現代にいう人間の尊厳の本当の根拠を見出すというのがイスラームの考え方である。

「われはアーダムの子孫を重んじて海陸にかれらを運び、また種々の良い（暮らし向きのために）ものを支給し、またわれが創造した多くの優れたものの上に、彼らを優越させたのである。」（夜の旅章一七：七〇）

「あなたは見ないのか。アッラーは地上のすべてのものをあなたがたに従わせ、かれの命令によって、船を海上に走らせられる。また天をかれの御許しなく地上に落ちないよう支えられる。本当にアッラーは人間に、優しく慈悲を垂れられる御方である。」（巡礼章二二：六五）

アッラーであり預言者であり信者には、自然と誉れの気持ちを抱くこととなる。

「およそ栄誉は、アッラーと使徒、そしてその信者たちにある。」（偽信者たち章六三：八）

そして、エジプト革命の標語のように頭を上げることとなる。

「顔を伏せて（ただ頑なに）歩く者と、正しい道の上を規則正しく歩く者と、どちらがよく導かれるのか。」（大権章六七：二二）

また信者の構成する社会は、およそ地上で最善のものとなるとされる。

「あなたがたは、人類に遣わされた最良の共同体である。あなたがたは正しいことを命じ、邪悪なことを禁じ、アッラーを信奉する。」（イムラーン家章三：一一〇）

「このようにわれは、あなたがたを中正の共同体（ウンマ）とする。それであなたがたは、人々に対して証人であり、また使徒は、あなたがたに対し証人である。」（雌牛章二：一四三）

また当然殺人も、自殺も許されない。

「正当な理由による以外は、アッラーが尊いものとされた生命を奪ってはならない。」（夜の旅章一七：三三）

「人を殺した者、地上で悪を働いたという理由もなく人を殺す者は、全人類を殺したのと同じである。人の生命を救った者は、全人類の生命を救ったのと同じである。」（食卓章五：三二）

第2章　人生観

人生論の少ないこと

わが国は人生論が盛んであるし、それだけに好かれているテーマともいえる。その理由はおそらく、人生訓に満ち溢れた儒学教育が江戸時代以来盛んで、それは明治以降の学校教育においても大なり小なり続いたからであろう。こうして人生論議は平成年間の今でも相当日常化しているし、その環境の中では格別の印象を持たなくても不思議はない。それで自然ということなのだ。

それと比べると、中東では人生論は僅少であるといえる。人生いかに生きるべきかといったテーマを論じる書き物がなくはないが、それを期待してページを開くと大半は礼儀や作法の内容である。

あるいは小説や映画などの人気作品の中でも、生き方を主題としたものはまず見かけない。むしろそのような中にも、何か人生訓がないかと探している日本人の自分を見出すこととなる。

このような現象には相当の背景と原因がなければならないと、誰しも直感するところである。そしてその謎解きは、さほど難しくはないだろう。なぜならば、人生のあり方、過ごし方に迷いを生じさせないために宗教があり、イスラームも例に漏れず、この面で豊富な教えと素材を提供しているからだ。

ちなみに日本でこれからの道徳教育を公立学校でどう進めるかは、大変な課題であるが、イスラームの倫理道徳には明確かつ堅固に構築された体系がある。その特徴を一言でいうと、あらゆる徳目は絶対主との関係に帰着する根拠があるということである。換言すると、例えば誠実さ、正義、禁欲、謙譲、忍耐など、どの徳目をとっても、人間関係に終始せず、基軸としてのその人と絶対主の関係における徳目の反映であるということだ。だから友人に対する誠実さは、実は主への誠実さの一端であり陰であり、あらゆる艱難辛苦《かんなんしんく》に対する忍耐ということは、絶対主からの試練として耐え抜くという発想なのだ。しかも感謝の心を忘れずに、忍耐強くする。だからイスラームの各徳目は、アッラーへの服従という幹にぶらさがった、たわわな一房のブドウの一つ一つの実にたとえればよさそうだ。

書店で類書を探すと、『悲しむなかれ』、『もっと笑みを』、『幸福の源泉』などなどが、古典書も現代書も含めて書棚を飾っている。ところが内容的には、そのほとんどすべての書籍は、コーランと預言者伝承から採られた引用文で満たされているのだ。解説や論評があるかと思いきやそうではなく、生の引用だけが連綿と掲載されているといったものが、多くのスタイルである。

現地の読者にしてみると、それらの潤沢な素材を直に触れ吸収する方が確かで、いまさら現代の表現でかみ砕いたものを見る必要を感じさせないのだ。原典において、人生の進むべき道のりは、十分に示し尽くされているといったところである。しかしここでは、それを敢えて本章の導入としてまとめると次のようになる。

人は幸福を求めて日々暮らすが、その具体的な姿は究極のところ天国に行けるということである。なぜならば、そこには永遠の幸せである至福（トゥバー）が約束されているのだ。至福を得るということは、揺ぎない心の安寧を得るということに他ならない。そこで日々の指針は、まっすぐな篤信の道を過《あやま》たずに歩み、善を積んで最後の審判において成功することである。死はこの世からあの世への、引っ越しであり、恐るべきものとしては最後の審判で地獄行きを宣告されることをおいて、他にはないのだ。

生きがいの問題

生きがいという言葉は、日本語ではよく使われる非常に馴染み深いものである。だがこれはアラビア語の表現法ではない。そこでは、生きる目的、あるいは生きる意味といった用語が用いられることとなる。それらの意味は、大同小異と言える。

この点イスラームの教科書風には、信心のもたらす力を考えるといった脈絡で次のように概説される。真理、永劫、運命を信じているのだから、信じていないよりも遥かにその人の精神的なパワーはアップされるのだと。また同胞と信心を共にするという力も授かると。またさらにそれらは具体的にも説明されうる。たとえば、物質へのこだわりを軽減する、言動が誠実になる、真実や権利を擁護し保護するようになる、などと。

以上のようにまとめた説明はどうしても教科書的であり、日本語としてはあまりしっくりこない恐れが強い。それはもともとムスリム向けの言葉であるから、そのような調子になるのであろう。そこでわれわれ日本人にもっと納得できるような、足が地についた発想と言葉使いで捉えなおしてみたい。そのために「生きる目的」という長期的で全体的な視点と、「苦しさからの脱却」というもっと短期的で具象的な視点の、二側面に分けて見ることとする。

生きる目的

このテーマについて前出のアフマド・アミーンの要領を得た表現を訳出しておきたい。

人生に関しては、いかにという方法論はあっても、それはそもそも何なのか、またなぜなのかという本質論は把握できない。また人生は遺伝と環境という二大要因にほぼ規定されているが、これもアッラーの定めた法に則っている。人間を形成するのは、肉体、知性それと心（感性であり直感や霊感）だが、感性豊かに心の嗜好を高めることに真の幸せが見出される。そして人生最高の目標は、文明の害から逃れさせ、宗教心を育む偉大な自然にも看取される絶対美に対する感動であり、それを通じて知るであろう絶対主に対する依拠と服従である。こうして何びとにも賦与されている宗教心を育み高めることにより、人生の意味と真の安寧が得られるのである。*

生存の真実が信仰によって与えられるのであるとすれば、その信仰を深め高めることに生きる喜びと目的が見出せるということである。それを「心の嗜好を高める」という表現を用いて提示しているのである。

このような立場はムスリムであれば当たり前だ、と言ってしまえばそのとおりかもしれない。しかしここで強調されるのは、そのような立場以外には本当の生きる目的は見出せないとしている点である。さらにはそのような見地であれば、人が一生をかけて貫く信条として、十分満足も行くし納得が行く、というのである。ここに必要にして十分な人生の指針として語られているということに注目しておきたい。

もちろん様々なムスリムの有識者によってこれ以外の表現が用いられてきたとしても、いずれであれその主要点は右の言葉に尽くされている。またその主要点は日本から見ても、それはそれとして実質的には共鳴するところがあるのではないだろうか。むしろ日本から見て疑問として湧いてくるのは、次の問題ではないだろうか。

それは多くのムスリムはそもそも生まれた時からムスリムであり、さらには生活全体のあり方からイスラーム信仰を深め高めるのであれば、悪くすると信仰は日常生活の惰性の産物なのではないだろうかという疑問である。

人が長年生きていく上において随時自らを振り返り、はたとその信心を見つめ直す機会は少なくないと想定される。つまり生まれついてのムスリムも慣れ親しんだ生活に流されるのではなく、今一度、何故という設問を自らに発するのが自然であろう。

顧みるに、人類の歴史が幾年月重ねられようとも、誰一人として人生の目的であるとか、それは一体何なのかという本質を知ることができないままに時間は過ぎている。また内省を重ねて行くと、人の子として民族、言語の違いを超えて、人間生存の本源的な断面が露呈されることになるだろう。つまり人が生きるということは、究極的には自分一人でもよいから生き続けたいという、生存本能に帰着するだろうということである。

この迷いと反省のがけっぷちに立たされた瞬間に、イスラームは自分一人のあり方を越えて、再

＊ Makoto Mizutani, 'Ahmad Amin on Human Life,'『日本中東学会年報』一〇号（一九九五年）

度、主の下での人類愛や人間存在全体の見地に立ち戻る契機と指針を与えているといえる。真善美を求める人の自然な気持ちにも、それらを総括するアッラーとの触れ合いに、より一層の拍車がかかり、絶対的な信条に従い生きていることへの充足感をもたらし、言い換えれば、生きる意味、あるいは生きがいが与えられるのである。別の表現であるが、ちぢに乱れる人の心をはるかに超えて、別次元に立った生活が可能となるのだ、とも捉えられる。

イスラームでしきりに言われることは、この世に限りあることと、あの世の永劫であることである。「この世は雪で、あの世は真珠」との美しい表現の中に、この世の儚さを静かに諭してくれる。ここの事情を真実として直視するがゆえに、生きがいを求めるともいえる。つまり日常生活の惰性に押し流されているのではなく、それは新たな命が新たな時代と環境の中で生きる営みにいそしんでいる姿である。

もちろん歴史的には、地獄の業火の恐れと天国の楽園への憧れ、つまり救済されたいという勢いが、現代世界のわれわれの想像以上に強かったと考えられる。人は奈落の底へ突き落とされるのではないかという恐怖に脅かされるほどに、罪に満ち溢れた日々の生活に直面させられ、それほどに厳しい生活が展開されていたのだといえよう。ただこの側面は、現代では遥かに影をひそめてしまったと考えられる。豊かで穏健な風潮が、少なくも先進工業国では溢れている。また伝統的なムスリム社会でも、このような風潮を指摘する向きは相当出てきているものの、まだまだ伝統的思考と価値観の車輪は車線を変更しないで回り続けているのだ。

苦しさからの脱却

「心の嗜好を高める」という表現の良し悪しや好き嫌いは別としても、それは相当抽象的な把握であることは間違いない。そこでより日常的で具象的な側面からのアプローチも試みることにしよう。それがここでいう、苦しさからの脱却という視点である。それが当面の生きる目的となっているケースが非常に多いと思われるからだ。

まず初めに日本では比較的希薄とみられる、罪の意識という苦しさからの救いという点について述べる必要があるだろう。

いうまでもなくキリスト教もユダヤ教もまたそれらを乗り越えたとするイスラームも、中東のセム族から生まれたものであることが、単なる偶然とは見えないのは著者一人ではないだろう。多くのムスリムの礼拝時に見せる熱気は、他の作業では見られないほどの集中力の賜物である。上目つかいにハッシと空を睨む眼差しと、地にめり込まんばかりに頭を下げ、額に礼拝ダコを作っているさまは、芸術家が創作や演奏に向かうあの瞬間を十分思い起こさせる。イスラームの力を語る時、彼らの宗教的な民族の能力や特性を印象付けられるというのが正直なところである。

日本人との対比では、セム族は自らの犯した罪の意識がはるかに鋭いのではないかと思われるのである。もちろんその罪とは、心の中の人には見えない部分も大いに含む。この指摘は、昨今は社会全体の穏健化の波が伝統的ムスリム社会にも押し寄せていると右に述べたにもかかわらず、相変わらず当たっているのである。

巡礼の最高潮は、巡礼月の九日午後、アラファートの丘で行なわれる留礼（ウクーフ）という特別の礼拝である。数時間は荒野において祈り、悔悟し、祈願を続けるのであるが、その間、信者は男性であっても大粒の涙をはらはらと流すのである。また霏々《ひひ》と泣くほどに悔悟せよと、教えの本にも記されている。常日頃善人と思われる人たちがそのようにするのを見ると、どれほどの大罪を内心犯していたのかと訝《いぶか》しくもなる。そして一番衝撃的なのは、彼らがそのようになったことより、日本人として自らの心中における罪の意識がどれほどなのかと自分で疑わしくなる点である。

他方、わが国で最も研ぎ澄まされた鋭い意識は、罪ではなく穢《けが》れの意識ではないだろうか。それは神道の発想の出発点ともなっていることは、日本人ならば誰しも知っている。また少し古くなるが、米国の文化人類学者ルース・ベネディクトは、日本人の恥の意識が日本文化の機軸であるとした*。

自らを許しがたいとの罪の意識が日本人には本当に薄いのか、薄いとすればなぜなのかといった問題は、はるかに本書の範囲を超えている。ここでは、セム族を近しく見て気付かされる点として、右の指摘をするに留めることとする。

以上の罪の意識とは別の、苦しさからの脱却を求める原因を見てみよう。救いを求める気持ちが高まる原因としては、通常生起するようなあらゆる人生上の苦境が挙げられる。仏教では人生の四大苦を生老病死であるとまとめた。さらには貧困、人間関係など枚挙にいとまがないのが現実である。あるいはそれらは日々更新され再生産され、結局人の煩悩は限りないということになる。それは世界万国共通の事象であるのは論を俟《ま》たない。

この苦痛からの救いやその軽減のための嘆願と祈りは、信仰の最も端的な発端であり推進役となっている。祈願を多くすることは、大いに勧められる行為である。なぜならば祈願は、アッラーを敬愛するという信者の自然な務めを果たす上で、アッラーを称賛する行為と並んで双璧をなすものであるからだ。あれもこれもお願いしたいという気持ちは、視点を変えればアッラーの絶大な能力を信じてそれに依拠する心を堅持していることにほかならない。それはそれ自体で篤信であるということになる。

苦しさからの脱却が当面の目的であるとしても、それをアッラーに頼り、またさらにそれが実現すればアッラーに感謝するということになる。すなわち自分の生活と意識がアッラーを中心に巡るという状況なのである。こうなるとそれは手段や方法であるとともに、目的そのものと渾然一体となった境地に達しているといえるのであろう。こうして祈り礼拝することが日常生活の重要な一環として組み込まれているのは、多くの人が目にしているものだ。そしてやはりこの「苦しさからの脱却」という側面についても、「生きがい」の観念と同様に、まだまだ伝統的思考と価値観の車輪は車線を変更しないで回り続けているのだ。

＊　ルース・ベネディクト『菊と刀』（長谷川松治訳、講談社学術文庫、二〇〇五年）

幸福について

わが国であれば、人の生きがいは幸福の達成であり、それは中でも財産と名誉だといわれるのが通常である。もちろんそれは少し露骨な言い方なので誰しも躊躇するだろうが、あえて反論する向きも少ないであろう。

この点、イスラームではどのような見解が示されるのであろうか。幸福は人が目指すものである以上、その感覚が人々の行動原理となり、人生観全体を支配するケースも多いのは自然だ。要するにそれは、彼らの世界観の枢要な一端を占めることとなる。

人の幸福を論じることは古来しきりに行なわれてきた。ギリシアでもソクラテスはじめ多くの哲学者が様々な学派を形成しつつ議論した。幸福は自己に内在するものか、それとも個人を超越したものか、あるいは至上の幸福の境地とは、そして不幸の原因は何か、といった類いの諸問題である。

これらのギリシアの幸福論は広くはギリシア哲学のイスラームへの影響の一端として、イスラームの古典でも取り上げられてきた。例えばイスラーム倫理道徳の古典であるイブン・ミスカワイヒ（九三二―一〇三〇）の著作『道徳の修練』においては、アリストテレスの幸福論が正面から取り上げられている。それ自体が目標となる最高の善が存在するという信念の下、人は政治や社会奉仕にも努めることなど理性に従って行動することで幸せが得られる、それは健康、資産、善行の評判、仕事上の成功、そして思考と信念の健全さなどであるという思想が紹介されている。他方それ以前のプラトンらの幸福感は、もっと内在的なものであったという説も言及されている。*

ところがイスラームを見ると、肝心のコーランでは、幸福（サアーダ）という言葉は一度も出てこないのである。一度は動詞形（サアダ）、一度は形容詞形（サイード）で出てくるのみであって、とても主要な精神生活の基軸としては扱われていない。この状態とイブン・ミスカワイヒの時代の間には、やはりギリシア哲学の導入という大きな曲がり角があったというべきであろう。

そして一旦幸福論の議論が始まるや、イスラームでもかまびすしく論じられる人気のテーマとなった。さらに後の時代には、知識人によって預言者伝承も参照しつつ、その議論は増幅されて行くのであった。著名な中世の思想家アブー・ハミード・アルガザーリー（一〇五八―一一一一）も、『幸福の化学』を著している。**

この一連の傾向はギリシア哲学の刺激があったと同時に、コーラン中でも別の用語で幸せの状態

* ibn Miskawaihi, *Tahzib al-Akhlaq*, ed. by Muhammad Salman, al-Qahira:Dar Tayyba lil-Nashr wa al-Tawzi', 2010. p. 90-91.

** Abu Hamid al-Ghazali, *Kimiya al-Sa'ada*, al-Qahira, al-Muqattam, 1900. なお幸福論の関係書については、次の書籍に相当網羅的なリストが出ている。'Abdullah Muhammad Ghanim al-'Amiri, *Al-Sa'ada fi al-Manzur al-Islami*, Beirut, Dar Ibn Hazm, 2005. pp. 245-253.

を表し、実質的には幸福に関する説諭が進められていた事情も手伝ったと見てよいだろう。それらの用語とは、「幸い（ハサナ）」（雌牛章二：二〇一）、「良い生活」（密蜂章一六：九七）、「窮屈（でない）生活」（ター・ハー章二〇：一二四）、「イスラームに対し開いた胸」（家畜章六：一二五）、「心の安寧」（雷電章一三：二八）といったものが挙げられる。

イスラームの着眼点

幸福をめぐる関心のポイントは、人の子として健康、資産、善行の評判、仕事上の成功、そして思考と信念の健全さなど、ムスリムといってもギリシア時代と比較しても元来は大差ないと思われる。ただしイスラームの教えに見られる論法は、いわば消去法である。子供が多いことと財産が豊かであることが現世的な幸せの象徴のように扱われているが、それらの一時的なことを諭し、永久の幸せは死後に楽園に入ることであるというのが、コーランの主な筋書きである。

「あなたがたの現世の生活は遊び戯れにすぎず、また虚飾と、互いの間の誇示であり、財産と子女の張合いに過ぎないことを知れ。」（鉄章五七：二〇）

財産や子女は人の信心を試すものであり、その魅力は誤った道への誘惑であると考えられる。ただしもちろん常識的な意味で資産や子孫が望ましいことは言うまでもない。ここで問題視されるのは、それだけに固執するか、それのみを優先する態度は誤道であるということである。

「だからあなたがたは、かれらの財産や子女（の多いこと）に心を奪われてはならない。アッラーはこれらによって現世の生活の中に、かれらを懲罰しようとおぼしめし、またかれらの魂が不信心の中に離れ去ることを望まれるためである。」（悔悟章九：五五）

「あなたがたの財産と子女は（篤信の）一つの試みであり、またアッラーはあなたがたへの最高の権威を持つ方であることを知れ。」（戦利品章八：二八）

また財産と子女は、最後の審判においてアッラーに対して懲罰を軽減してもらうための言い訳にもならない。

「かれらの富も子女も、アッラーに対しては、少しも役立たない。かれらは業火の仲間である。永遠にその中に住むであろう。」（抗弁する女章五八：一七）

「『また、わたし（不信心で豊かな人々）たちには多くの財産と子女があるので、懲罰されることはありません』と言った。」（サバア章三四：三五）

アッラーに認められるのは、財産や子女ではなく善行と篤信ぶりである。

「あなたがたを**われ**にもっと近づけるものは、財産でも子女でもない。信仰して善行に勤しむ者は、その行ないの倍の報奨を与え、高い住まい（天国）が保証される。」（同章三四：三七）

以上に引用した章句の他にも、同一の構造や物事の諸関係を維持しつつ、「財産と子女」に言及する様々な文言がコーランには頻出している。その構造を踏まえれば容易に文言の真意は理解できるので、ここで延々と引用を続けるよりは、後は読者自らの手でコーランの該当ページを繰っていただくのが一番であろう。それらの章節は、五箇所ほど脚注に記した。*

真の幸せ

以上のように「財産と子女の豊かさ」は真の幸せでもなければ、アッラーの下での言い訳にもならないというのがイスラームの見方である。ということは、次の二つのことを意味していると理解できる。

一つには、目に見える物的な対象自身は幸せの内容ではないということである。それは直接目には見えなくても、いわゆる科学的な知識についてもいえることである。知識はさらなる不安と動揺の原因でもある。原子力のもたらす膨大な不幸は、あまりに現実味を持つものとなってしまった。知識のための知識ではなく、そこには何か重要な媒介がなければ人の幸せに転じることは難しいのである。それは人間そのものを中軸において、その価値を前面に押し出した物事の判断ということである。さらにはその人間理解の根本は、創造主が尊厳を持って包まれ擁護される存在であるということだ。

また目に見えるものが対象でないならば、人に内在する何かが幸せであるということになる。そこで真の幸福として消去法で残されるのは、精神的な清浄さ、心の安寧、魂の安らぎといった表現が与えられる一群の心理的な状態である。以上の一群の心理状態の逆としては、次のような不幸の諸相が見え隠れして来る。不安と惨めさ、動揺、心配、心の狭さや生活上の気苦労などである。これらは豊かさ故に生じてくる面もある。

ところで確かに名誉は内在するものともいえる。それは目に見るものでもない。しかしそれは人間関係に依存している。つまり一時的な存在の間における一時的な立場や評価であるということだ。したがってこれもイスラームでは真の幸福ではないとみなすこととなる。人にまつわる過渡的な性格を越えて、恒常的な性格の何か超越的なものが求められる。それは安定性と確実性をもたらすからである。さらにいえば、本当の名誉は篤信の結果としてアッラーに認められ、楽園に入ることである、ということになるのである。

そこで二つ目の意味として、真の幸せは一時的な現世のものではなく、永劫のあの世にあるということだ。それは信仰がもたらすものであるということに帰着するのである。言い換えれば真の信仰こそは、真の幸せであるということになる。そこに他では得られないような充足感と堅固さが与えられるのである。

それでは永劫の幸せとは何かが問題となる。そこでも現世と同じく、精神的な清浄さ、心の安寧、魂の安らぎといった事柄が中心となるが、現世と異なり来世ではそれが永久化されるのである。既に見たように、イスラームの歴史観は現世が極めて瞬時の産物に過ぎないとするところから始まる。「この世の生活は、偽りの快楽に過ぎない。」（イムラーン家章三：一八五）

幸福論は現在も日常的な話題として人気があるので、アラビア語のサイトには様々な情報が満載

＊　イムラーン家章三：一〇、悔悟章九：六五、諮問される女章六〇：三、偽信者たち章六三：九、騙し合い章六四：一五など

されている。相談事や生活指導のような類いもある。そんな中、革命騒ぎが大規模になる少し前ではあったが、二〇一〇年十一月、イエメンの首都サナア市内では説教師が次のような言葉を説いていた。

それは後でも出てくる中世の大思想家イブン・タイミーヤがシリアのアレッポの砦に投獄されていた時のものであるが、「この世の楽園に入れない人は、あの世の楽園にも入ることはできない。自分の楽園と果樹園は自分の心の中にあるものである」と。つまり来世も現世も静謐な楽園こそが目標で、それは心の中にあるというのである。*

こうなると結局イスラームの幸福論は、通常来世論の一翼として扱われる天国論そのものということになってくる。そしてそれは前の章で、詳述したところである。

死について

昨今の日本では、人の死について語られる機会が多くなっている気がする。東日本大震災ほか各地で大規模災害が続いているし、また高齢化社会関連もある。それと毎年夏には、終戦記念日を迎える。

コーランを見てみると、死（マウトゥ）という用語は、五十回は出てくる。あるいはその動詞形である、マータという形では三十九回登場する。このように少なくないのは、様々の角度から生命の終焉について諭すことが多い結果である。

ところが面白いことに人の死は、イスラームの教説としては大問題扱いされることはまずない。コーランに頻出することとのギャップは、死に関する意識のあり方を示唆しているという意味で、中東の人生観の特徴を理解する一つの重要な切り口になると思われる。

生まれれば死ぬし、それは主の定められたことでもある。現世から来世への、引っ越しなのである。だから死は大騒ぎする事態でもなければ、特に怖がることもないというのが、イスラームでの自然の結論となる。怖いのは死んだ後の、最後の審判だけなのである。つまりコーランでは、この単純明快な論理構成をしきりに繰り返し、種々の例を引きながら諭し続けているということになる。**

都内のあるイスラーム式の葬儀で外国人のイマームが、「死は普通のことですね」と、ちょっと外国人らしい発音の日本語で遺族ら日本人参列者に話しかけられたことがあった。非ムスリムの日本人には突然な言葉であり、そのままが慰めとして受け止められたかは少々疑問だった。しかしイマームが言おうとした意味内容は、全く妥当であった。

＊　http://olamaa-yemen.net/main/articles.asp?article_no=3858, 二〇一二年八月十四日検索

＊＊　例としては、Mahir Ahmad al-Sufi, *Al-Maut wa 'Alam al-Barzakh*, Beirut, 2010. 同書では、死は信者にとっては福音であるが、不信者にとっては凶報だとしつつ、多くのコーランの引用を挙げて解説している

亡くなった人のことをアラビア語では、ムタワッファーと言う。意味は「神によって約束が果たされた人」ということである。死去した人は主の定めを全うしたのであるから、それを裏側から言えば、神が約束を果たされたということになるのだ。もう一つの言い方は、マルフームという言葉で、その意味は「慈悲を与えられた人」ということ。これは説明なしで、簡単に理解できるだろう。主の慈悲としての死なのである。

思ってみれば、人の死に関する出版物はアラビア語ではあまり見かけないし、それを正面から扱った著名な古典は思い当たらない。しかし天国・地獄の話や、霊魂を巡る論議は昔から盛んだ。毎日睡眠を取る際には人の精神が抜け出て、死ぬ時には魂が抜け出ると説明される。前者が小死で、後者は大死と呼ばれている。そして前者は毎日の現象だが、後者は一生に一度の出来事という違いがある。このようにサバサバと整理されているのである。またそれはイスラームの葬儀の簡素さにも反映されている。

著者はしばらく前に、ある不治の病に冒されている方々のところに招かれて、都内でイスラームの話をする機会があった。その時話を聞いていた若い女性から、イスラームでは死を怖いとは思わないのですか、と質問された。答えは一つしかないので、「怖がる対象ではない」ということを説明した。それは何も患者さんを癒す意図からではなく、教えの事実の説明のつもりであった。しかし著者の非力のせいもあってか、あまり納得してもらえなかったように感じた。同時に、それほどに日本の現状とは距離のある見方だということも感じさせられたのであった。

人間中心主義という近代社会の背負った性《さが》もある。人間どころか自己中心主義が、戦後日本を風《ふう》靡《び》した。我の確立は大切だが、彼我両側面のバランスこそ、その前提である。利己主義と利他主義の相克と協働とも言える。このように車の両輪といった事例には、事欠かない。生と死もその一つだ。そのように整理がすむと、生にしがみつくこともなければ、死を目の敵にする理由もないということだ。このような整理をイスラームは十分提供している。本書の初めに、「あの世の臨場感」があるのが中東社会の一つの特徴だと述べたことを、今一度想起していただきたい。

column

「自爆」はあの世とこの世の混同

原理主義の思想を、単に過激な運動のためのプロパガンダであると決めつける向きが日本では見受けられる。しかしそれはあまりに表面的で、この思想がどうしてここまで人を動かすことになるのかという、いわば起爆力に目を向けていない結果である。このような起爆力は、飾りの言葉からは生まれてこないものだ。事実その思想は、生死を賭けた人間の本源を突く内容であることを示している。

そこでこの思想を、なぜ「自爆」なのかという側面から考えてみよう。「自爆」というなんともおどろおどろしい言葉が生み出され、さらにそれは中東関連のテロ事件で頻出するまでになっている。日本でも特攻隊があったが、それは軍隊の命令によったものだった。また三島由紀夫などの切腹は、最後の名誉ある死に方として武士道で説かれてきた伝統があった。しかしイスラームを唱えつつ実行される自爆の発想は、どう理解されるのであろうか。

そこでは宗教的正義と現世的法律的正義の混同が生じていることが指摘されるのだ。自爆を実行する連中の気持ちを端的にいえば、それは自分を殉教者と見なしているのである。アッラーの道に捧げる命は必ず天国行きが保障されるし、アッラーの道に逆らう不信者を征伐することは、アッラーの命に従った篤信の道であり、さらにそれは信者の義務と考えるのである。しかし安易にそのような結論を出すはずもなく、その過程には種々の迷いや配慮が個々具体的なケースにそって行なわれるのも当然である。それをなぞると次のようになるであろうか。

イスラームのあるべき姿はコーランであり、預言者ムハンマドの言行録などに示されている通りである。それと比較すると現在の社会状況ははるかに逸脱であり堕落でもあり、とても許されるものではないと映るのである。政治制度は伝統的なカリフ職による統治ではないし、経済は利子を認め、イスラーム経済では不確かさを排除するはずだが先物取引や株取引が横行している。貧富の差も甚だしいし、それに対する政府の施策は遅れがちだ。飲酒や女性の肌を露にした服装、一夫一婦制、社会進出の名目で女性が目立つことなどが、腐敗した社会の象徴として目に飛び込んでくるのである。

　こういった現地の中東サイドでの反発は、欧米のムスリムに対する差別待遇に対する怒りと共鳴して、欧米社会全体がイスラームに敵対するものとして見られることとなるのである。この欧米への反発の歴史的な原因は、十字軍以来の敵愾心《てきがいしん》、植民地主義とイスラエルに対する遺恨、そしてイスラームとイスラーム学への欧米のいわれなき蔑視感が主要なものとなっている（このような欧米への反目については、本書第五章で詳述してある）。

第3章　政治観

大半の国々において、政治というものは歴史始まって以来、常に支配者の間だけの営みとして受け止められてきた。それが一般大衆のものとして見られるようになるのは、比較的最近時の進展であった。中東もその例外ではない。この大きな政治観の転換があった様子をまず初めに見ることとしたい。

民衆パワーの覚醒《かくせい》

二〇一〇年の終わりごろから始まり、翌二〇一一年に一斉に花開いたいわゆる「アラブの春」は世界を驚かせた。それは何十年と軍事独裁の政体が維持されてきたアラブ諸国にも、漸く民衆の声が聞かれるような時代変革の波が一時に押し寄せたからであった。*

振り帰ってみると、アラブ諸国における民衆パワーの発揮は今に始まったことではなかった。イランでは早く一九〇五年には、立憲議会制に向けてテヘラン市民が反政府運動を展開してイギリス大使館に市民が立てこもる事件も起こり、翌年の憲法制定に至ったこともあった。

あるいはイラクでは幾度となく、市民レベルの反英運動が繰り返された。一九四一年、イラクで軍事クーデターが起こったのに対して、イギリス軍がバグダッドに進駐した。それに対する抵抗運動が起こされたが、それは「最大の行進」と命名されて大規模なデモが展開された。また一九四八年、イラク・イギリス新条約の締結に際しても、それは不平等であるとしてイラク人の反対運動が起こり、一旦調印されたものを破棄するまでに至った。それは「跳躍」と命名された。

またシリアでは、一九二〇年代を通じて、特に南部に多いドルーズ教徒の反乱が委任統治をおこなうフランス軍に対して起こされた。山岳部である地形も抵抗作戦上有利な材料となって、それは相当広範な国民運動に広がり、フランス側を一度ならず追い込んだのであった。

エジプトでの対英抵抗運動としては、十九世紀末のオラービー反乱という軍反乱がアレキサンド

＊　「アラブの春」の当初の分析としては、水谷周編著『アラブ民主革命を考える』（国書刊行会、二〇一一年）

リアで起こっていた。そして第一次大戦後の、一九一九年には、いわゆる「一九年革命」とも称される大規模市民蜂起が起こされて、一九二二年の独立へとつながった。その後も完全な独立の獲得へ向けて様々な努力が重ねられたが、その基盤にはいつとなく抵抗運動や示威行動に習熟してきたエジプト国民がいたのであった。

こうして比較的長い歴史と広範な体験を積み重ねてきていたといえるのであるが、一つ決定的に欠けていたのは、そのような抵抗運動を権利として認識し、その権利意識に支えられて活動を推進するという発想であった。

「アラブの春」の歴史的な意義は、何を達成できたかというより以前に、一連の社会改革と政治体制転覆の諸要求を叩きつけたということであるとともに、それら一連の行動がようやく国民の現実的な権利として認識されたことにあると考えられる。権利となれば、将来もより自然に活用されるであろうし、また民衆の結集力も増大すると思われる。さらには国際社会による監視の度合いもはるかに緻密で精度の高いものとなることが期待される。

他方イスラームの立場からはそのような権利は元々イスラームの中に存在しているのであって、改めて新生児が誕生したかのような扱いをするのは間違っているという意見もありうる。そもそも人間には公正に扱われる権利がアッラーの下で認められており、不公正を正す権利はアッラーに与えられたものだとの主張である。しかしここで改めて光を当てようとしているのは、そのような抵抗権が二十一世紀の今、国際場裏に注目される中で白昼堂々と認められ、実行され展開されたという事実であり、それに対する達成感と権利意識の高揚が見られたということである。

ちなみに「アラブの春」を契機として欧米の国際法学会では、「非暴力権」という概念を打ち立てて、それを人権の一つとして世界で認知させようという努力が払われるようになった。一九五〇年代に国際連合で作成された世界人権宣言にも顔も出していない新しいアイデアであるが、「非暴力権」によって市民の意思表示の権利が権力側の軍隊など武力により制約を受け、あるいは抑圧されてはならないというのがその主要点になっている。

インドがイギリスから独立した際の、マハトマ・ガンジーの無抵抗運動は、アラブ世界でも当時より非常に有名で、それはその後例えば一九三〇年代のパレスチナ運動に対しても影響を与えてきていた。さらには今度の「アラブの春」を通じても、マハトマ・ガンジーの無抵抗運動は随時言及され、思い起こされていた。「非暴力権」の考え方はこのガンジーのアプローチにヒントを得て、また「アラブの春」を通じることによって生み出された一つの新たな成果として、国際場裏において大きな金字塔となるかもしれない。*

* Chibli Mallat, *Philosophy of Nonviolence, Revolution, Constitutionalism, and Justice beyond the Middle East*, Oxford, 2015.

固定観念の縛りと思想改革の試み

イスラーム政治思想の停滞

イスラームの政治文化の典拠として、その思想を語る時に登場する著名な思想家をまとめると、次のようになる。しかし彼らはいずれもオスマン帝国以前の中世に活躍した学者ばかりであるが、このような古典時代の思想家が主役として、現代思想を語ろうとするこの場に出てくること自体問題なのである。つまりそれは停滞の明証に他ならないからだ。それはそれとして、以下に彼らの思想の特徴を摘記する。

・アブー・ナスル・アルファーラービー（九五〇年没）はシリア出身、人は集団的な存在であるとして都市における政治に関心を持ち、プラトン的な理想的な指導者としての哲人王者とイスラーム的な預言者の役割と資格を論じた。

・アブー・アルハサン・アルマーワルディー（一〇五八年没）はイラク出身、中央のアッバース朝カリフと、地方の支配者であるアミールやスルターンとの権限関係を中心に議論を進めて、『統治の諸規則』を著した。

・ニザーム・アルムルク（一〇九二年没）はペルシア人、国家による学識者の保護と統治制度を確立した。彼の『統治の書』は指導者ための指南書として、節度、中庸、正義といった道徳的な訓戒に満ちている。

・イブン・ハルドゥーン（一四〇六年没）はチュニジア出身、その著『歴史序説』で砂漠と都市の文明の交代で世の変遷を説明したことで知られる。人は社会に依拠するが、その結集力は団結力（アサビーヤ）から発しており、この団結力は浮き沈みがあるので、国家も自然な寿命があるとした。

・イブン・タイミーヤ（一三二六年没）はシリア出身、統治者のためだけでなく共同体へ向けたメッセージを出したが、一方では反乱よりは服従を訴えつつも、『主人と従者の改革のための聖法（シャリーア）に則る政治』などを著して、イスラームに反した指導者は、聖戦（ジハード）の対象になると主張。現代の原理主義者の基盤も提供した。*

以上のような政治思想の潮流があるが、何世紀もの間、それらはコーランと預言者伝承などに支えられつつ影響力を保ち続けた。

そんな中に飛び込んでくることとなったのが、近代化の改革過程の一環としての西欧の政治思想であった。それらにはまず民族主義があり、次いでは社会主義の影響力が顕著となった。ナセル大統領のアラブ社会主義ともなり、あるいはシリアとイラクで伸びた復興（バアス）思想にも流れ込んだ。バアス思想の三本柱は、アラブ統一、独立、社会主義であった。そしてさらに現在しきりに鼓吹されるのは、民主主義である。

＊ 古典的なイスラームの政治思想については、ローゼンタール『中世イスラームの政治思想』（福島保夫訳、みすず書房、一九七一年）

民主主義の主軸は元々イスラームの思想や習慣にも存在しており、指導者を選出するための推挙（バイア）制度やイスラーム法の決定を総意（イジュマーア）に諮るのは多数決と同じだと主張もされた。また幹部たちが集まる協議会（シューラー）は議会に相当するというのである。

ところが民主主義とイスラームの関係の根本的な問題は右のような制度論ではなく、むしろ法と政治の最終的な権威が人間にあるのか、あるいはアッラーにあるのかという問題である。イスラームにはコーランに示された基本法的な聖法（シャリーア）と、それを踏まえつつ預言者伝承なども加味したイスラーム法学（フィクフ）とがある。しかしいずれも究極の権威はアッラーにしか存在しないとする。したがってそれは基本的に変更不可能である。これに対して人定法は可変である。民主主義の問題は欧米との関係でえてしてデッド・ヒートするし、今後もその可能性がある。

イスラーム政治文化の規範力

以上のような政治思想とは別の側面は、イスラーム政治をめぐる固有の体質や特質の問題である。それは革命や政権の変更を越えて規範力を発揮するいわば政治文化といえるものである。また文化である以上、統治者はもとより国民一般に広く浸透していることも念頭に置きたい。

・独裁制――イスラームの理想的な治世は、紀元七世紀の預言者ムハンマド自身によるものであった。その遺影を継ごうとしたのが、その後の後継者カリフの治世であった。それはコーランを掲げるものであったとはいえ、政治制度的には独裁制であった。そこからは独裁制批判の声は期待できないものである。

・軍政――右に見た独裁制と同様に、軍政についてもほぼ同じ現象が見られる。預言者ムハンマドは総司令官であったし、歴代カリフも同じであった。もちろんそこにはイスラーム法の規制がかかっていたし、事実イスラーム法学者の意見は尊重されるのが通常であった。ただしそれは時に後追いの、現状肯定的なものに陥った。軍部に対する文民統制の必要性に関する理解は確立されえない。

・政治制度論の貧困――カリフ論はカリフに就任する人の様々な資格（正義、知識、心身の健全さ、クライシュ族出身など）を議論してきたが、それ以上には政治制度論として最初期以来、大きな改革は論じてこなかった。

これはまさしく、制度論の貧困というべき事態である。このことは、例えばあり余る石油資本を前にしてその運用のためにイスラーム金融をはじめとしてイスラーム法に則るイスラーム経済学が二十世紀末頃より急速に発達したのと、明瞭な対比をなしている。ではどうしてこのようなアンバランスが生じるのか。

その原因は、イスラームは政治権力に注文を付けるのを避けて、むしろそれとの協調を選択してきた事情がある。倫理道徳の古典書においても、悪徳の不正行為として列挙されるのは、ほとんどが経済関連の悪徳である。利子、詐欺、賭け事、盗み、横領といった内容だ。政治面の不正を詳論すると統治者に抵抗する根拠になりうるが、この分野は賄賂を除いて何も言及されない*。

因みに政治制度論に弱いことは、二十世紀を通じて見られた立憲議会制導入の過程においても見られた。例えば議会について見れば、そこでは対立する利害を照らし合わせて調整し合意した上で、何らかの相互補完的で国家的な利益を達成しようという議会本来の期待感は希薄で、むしろ直近の私的な利害の追求に振り回され、あるいは国王に対して媚びを売る場として機能したのであった。

さらには憲法に関しても、制定すればそれがいわば自動的に福利をもたらしてくれる玉手箱のような眼で見られがちであった。社会の種々の利害関係を反映し、またそれをリードしつつ、それらを法的な枠組みに収めるものとしての憲法意識が薄いということである。制度がなければ後は個別偶発的で、日和見的な利益獲得が政治活動の常態となる。それは言い換えれば不安定さと混迷以外何物でもない。

なお以上の制度論不毛の状況の原因は、イスラーム社会に広く見られる人間関係重視の慣行とも関係している。個人的な関係重視であり、その結果が人を機能別に見る目を弱くしているということでもある。法治国家よりは人治国家という結果になる。

現今の中東の混迷状態を見て、域内諸国は自国の維持運営だけに忙しく、新たな秩序構築に尽力するだけの力量を持った国がないことを嘆く声が広く聞かれる。そしてその指摘は的を射ている。しかし課題の本質を考えるならば、域内諸国は制度論が苦手な政治文化に浸っていることに留意せざるをえないのだ。そこで新秩序の制度的な設立よりは、関心事はいわゆる域内覇権の伸長でありその拡大という、古典的な勢力争いしか残されていない現実が浮かび上がる。

・政治判断の道徳化――「アラブの春」を通じて掲げられた標語は、「腐敗の追放と正義の実現」であった。それらの用語は、イスラームの倫理道徳の徳目に並んでいるものと変わらないのである。政治判断が具体的な事案であっても、自然とイスラーム道徳のフィルターを通して評価され表現されることが、日常茶飯事である。それは両者が未分化の姿ともいえる。

政治論議が道徳化されるということは、どのような影響をもたらすのであろうか。それは時には激しい言動の原動力であり大衆動員の引き金となるかもしれない。あるいは場合によっては、問題点を迂回することとなり、焦点を絞りにくくする恐れもあるだろう。そして時には、イスラーム以外の立場にある人たちとの対話が後退して、対立関係が激化するかもしれない。

原理主義者たちの過激な言動やテロ活動は、以上のような相当心理的な高揚が影響していると思うのは著者一人ではないだろう。不満が冷静で具体的な検討をする姿勢を離れて道徳律の世界で仕切られ、多数の人たちの共鳴を呼びやすくし、また次の過激な行動を呼ぶといった悪循環の輪を形成し、事態悪化の一途をたどっているのだろう。さらに道徳律そのものよりも奥の方にある、信仰世界の直感的な信念を喚起させるかもしれないし、そうなると事案の内容や詳細よりは、標語が独り歩きしてもおかしくない。

なおイスラームの政治文化の諸側面として、以上に尽きるというわけではない。例えば、思考パ

＊ 拙著『イスラームの善と悪』（平凡社、二〇一二年）

ターンが非常に上意下達の傾向が強いことや、指導者に関する個人崇拝の志向が際立つことなども挙げられる。

イスラームの政治文化が幾世紀となく非常に有効に機能してきたことも事実である。また制度論は弱いとしても政治の目的論に相当するような、政治倫理道徳論は極めて充実していた。そこでは人としての正直さ、誠実さ、正義感、慈悲の心、自己抑制や忍耐心などが強調された。

しかし世界が狭くなり多様な文化が交錯し、判断の多様性と速度が要求される現代では、それが縛りとなっている面がかなり生じる。そしてこのような固定的な縛りは、柔軟に諸要求を満たせず、いずれその社会的はけ口としての下剋上の反乱と国家的な規模での方向性喪失の混迷をもたらすこととなるのである。

思想改革の試み

イスラーム改革といっても、課題の幅は広い。コーランや預言者伝承の再解釈もあれば、イスラーム法上の諸問題、あるいはイスラーム哲学の更新や神学上の改革などなど多岐に渉る。*

ここでは、過激思想の幕引きという観点に絞って述べることとする。極端な原理主義の主張が横行する現代ではあるが、それが「イスラーム国」の揺りかごとなったのは言うまでもない、しかしその先はどうなるのかということである。「イスラーム国」自体は早晩掃討されるとしても、彼らの主張は残る。しかしその過激な思想は結局そのまま実現しないとすれば、その後の可能性は、そのような原理主義の考えと現実のギャップをどう埋めるかという課題である。そうしないと思想と行動指針の上で破綻を生じることとなるからである。矛盾をそのまま放置することは、人はしたくないものである。

そのようなギャップを埋める努力は、新たな思想を生み出すであろう。原理主義がイスラームの原典を忠実に適用する立場であるとすると、それがそのまま実現しないということは、現実を直視してその世俗的諸原則は認めつつイスラームの聖的な諸側面を存続させる必要が生じるということになる。それは換言すれば、まさしくイスラームにおける聖と俗の関係を改めることができるのか、つまり政教分離を認めることができるのかどうかという問題に他ならない。

この問題設定は、近似しているようではあるが、次のような文脈にも置き換えられるだろう。振り返ってみると、アラブの政治思想としては、立憲議会主義、民族主義、社会主義、共産主義、あるいは民主主義などを試してはみたがどうもうまくいかなかった、そこでやはりイスラームに戻ろうというところから、「イスラームこそは解決だ」という原理主義の発想が流布した。その延長線上にあるのは、イスラーム原理主義もうまくいかなかったとすれば、次は何かという設問に直面するということである。その中で避けて通れない問題として浮上するのが、適切な政教分離は可能か、

＊　このようなイスラーム思想改革の構えの大きさに鑑みて、全体を「イスラームの宗教大改革」と呼ぶ人もいる。Nasr Hamid Abu Zeid, *Reformation of Islamic Thought*, Den Haag, Amsterdam University Press, 2006.

それはどこをどうするのかという課題なのである。

① 政教分離の兆し

政教分離は日本も経験済みなので、実感を伴って理解する人が多いと思われる。宗教は政治に口出ししないし、他方政治も宗教には関与しないという双方向のコミットメントである。そこでは最高の権威は神ではなく、人が定める憲法の規定ということになる。

文字通りこれを呼び掛けて実施したのが、トルコのケマル・アタチュルクであった。彼は強烈な西欧化を進める中で、政教分離も推進したのであった。ただしそれは結局現在のイスラーム回帰現象をもたらしたという意味では、成功したとは言えない。

政教分離がイスラームで難しいのは、イスラームは政治や経済など生活全般を取り仕切ることが大前提になっているからである。しかし人の一生を預かる宗教としては、むしろそれが当然であり、その方が正解だというべきなのであろう。あるいはキリスト教も元は非分離であり、仏教でも本来は同様で、例えば紀元二世紀頃、北インドで仏教国を建設しようとしたカニシカ王の志も伝えられている。

従来のイスラーム改革者たちも、政教分離を正面から呼び掛けることは極めて希であった。それに近いことを口にしたならば、世俗主義者と呼ばれてそのレッテルを張られ、さらに背信者や無宗教者とも見なされがちであった。ここでエジプトの事例を少々挙げてみよう。

・ファラジュ・フォーダ（一九九二年没）は、息子と自宅を出たところを過激派ジハード団の凶弾に襲われて倒れた。その主張点の特徴は、国家とイスラームは別であり、イスラームを守るためにも国家と離れて扱うべきだとした。エジプトについて言えばコプト教徒も入れて国家的国民的統一を図るべきだとして、全人口の一五パーセントに上るコプト教徒の権利を擁護した。

・ムハンマド・サイード・アルアシュマーウィー（二〇一三年没）は、最高裁判所長官を務め、また一九七八年にはハーヴァード大学でも教鞭をとった。彼の主張点は、イスラームは律法ではなく、慈悲の教えであるということだ。コーランの六千に上る節の内、法律的な性格のものは二百に過ぎず、預言者の神政は他の人には不可能であり、正統カリフの治世も人間界のものに過ぎなかったとした。

・アブド・アルワッハーブ・アルマシーリー（二〇〇八年没）は、一時はムスリム同胞団に入っていたが、欧米への留学などを通じて変化。ユダヤ人の立場に理解を示し、また世俗主義に関しては、包括的なものと倫理・道徳関連を除いた部分的な政教分離という二つの概念を提唱した。

イランのパハレビー王朝やチュニジアのブルギバ大統領も実に世俗主義的な施策を履行していたが、文字通りには政教分離を唱えることはなく、いわばこの優先課題については語らないままに、そして波風を小さくしながら、実際には果断な行動をとっていたということになる。

② 理論と実際

そこで原理主義的に完全に聖俗一体ではなくて、何らかの政教分離が可能なのかが課題となる。もちろん原理原則として、あるいは論理的にはかなり難しいことは明らかだ。それにもかかわらずそのような試行錯誤がなされ、あるいは今後その必要が生じてくるとされるのは、中東ではそれが多くの問題に打開の光を射すことになるからである。

聖俗一体感を希薄にすることは、イスラームの教義は信仰世界では生かされるとしても、政治や社会の中では直接的な規範とはしない何らかの方法が模索されることになる。それは例えば米国でも、大統領就任宣言ではバイブルに手を置いて執り行われることは周知のところである。またその貨幣には、「神を信頼して」と銘記されていることなど、キリスト教の教えに従う作法が横溢している。さらに付言すると、中国が現状のような経済社会になっていても、共産主義の看板を下ろさないのも、建前と本音の乖離という観点からは同様である。

最高位の精神性を確保し確認する際にはイスラームが登場するが、日々の雑事の世界では非宗教の原則に従うという方式を探求するということである。政教分離によって自由な選挙を実施し、表現の自由も認める。それは要するに多様性を享受するということである、また異なる諸文化との人間共通の基盤に立った、平等で率直な交流から大いに裨益《ひえき》できるということになる。

③　地殻変動の展望

イスラームはあくまで聖俗一致でなければいけないと強調するのは、「イスラーム国」のような原理主義者たちである。いずこのイスラーム諸国もイスラーム法を完全に適用している国はないのが現実である。

他方中東のイスラームの聖俗一致は、日本でいうと戦前の天皇制のようなものであるともいえる。つまりそれに正面から反対する人はいないが、建前上そうせざるを得なかった面が強かったということだ。現在の中東も現実にはほとんどの場合に分離しておきつつ、外向きにはあくまで分離しないとの方針を堅持しているということだ。

例えば「正義」ということはイスラームの道徳上重要な徳目であるが、当然それはアッラーの下におけるものであり、人としてあるべき姿から欠けているところのない状態を指す。不正はその逆である。だから自らが不足を感じたら、それはすなわち不正であると主張する根拠になる。この思考回路を直ちに現実世界に移行させるパターンが直接行動を取る過激派には顕著である。信仰世界とこの世との混然一体の状態であるが、それはすなわち聖俗一体である。

逆説的だが、イスラームの政教分離か実質的にそのような主張をするとすれば、それは意外にも原理主義者たち自身ではないだろうか。なぜならば、聖俗一致では結局多様でありながら相互補完的なこの世は治められないということを一番厳しい形で身をもって知りうる立場にあるからだ。再び戦前の日本でいうならば、天皇は国家機関の一つであると説明する天皇機関説のように、現実を踏まえたイスラームを唱える勇気と必要性を最も身をもって知るのは、原理主義者自身ではないかということである。

現実には社会の多くの場面で政教分離をしたような制度を敷きつつも、思想的にはそれを正面からは認めていないというのが実情である。それはまさしく思想がいき詰まりに達しており、思想改革が必要となっている状況だということであり、そこは思想家の出番である。広範な教養と強靭な思考力、そして健全な経験と環境の中で、何らかの具体的な成果を挙げることのできる人材を見出しうるかどうか。中東世界の知的生産力が彼ら自身の命運を左右することとなるのである。

この文脈で注意しておくことは、アラブ・イスラームでは政教分離という文字通りの慣用的な術語はないことで、一般には世俗主義と呼ばれる。それはアルマーニヤーといって、世界あるいは世間（アーラム）から派生させた新造語がアラビア語として用いられる。この用語にはすでに血塗られた歴史があり、無宗教者という余計なニュアンスがまといつき、腐敗と低俗化――時に米国化――のイメージが同居しているのである。

これは実は単に用語の問題を越えて、実質的に価値観に直接に影響する問題にもなっている。さらには自由主義者という言葉へも影響しており、自由主義イコール世俗主義イコール無宗教者と一蓮托生に扱われる恐れが大きい。用語が正確に使用されずに、意味上の液状化現象を起こしているのである。もちろんそのように扱う方が、原理主義の立場からすれば有利に働くという事情が手助けしていることも間違いない。

どのようなアラビア語がいいのかは、アラブ人に聞きたいくらいだが、はるかに中立的でそれが持つ大きな効果と歴史的意義を十分示すものでなければならないのは言うまでもない。西暦をイスラーム暦などとの共通暦とするために、実質は西暦と同じだが名称上は共有暦（CE：Common

Era）という用語が欧米の研究者によって採用されているのは、良い事例となる。いずれの宗教であれ、人類は諸価値を共有していることが一番追求される基本理念であるとすれば、政教分離と呼ぶ必然性はなく、それを「共有主義」といっても差し支えないということになる。

このような実質的な政教分離策がいずこからか起こされれば、それは直ちに世界的規模で多大な余波と影響力を発揮すること間違いなしである。そうなればテロリズムの根拠は薄弱になるし、スンニ派・シーア派の対立もほとんど学派の対立のような性格にとどまることとなると予想される。つまりそれは域内の構造的な不安定要因の大半を除去してくれると期待されるのである。

もちろんこのように高等なレベルでの意識改革が真に影響力を発揮し、国民一人一人に浸透するには多くの時間を必要とするであろう。さらには、その提唱者は時にテロリストたちから不信者呼ばわりされて、一命を捧げる高い代償を支払うこととなるかもしれない。*

* 法律上のみの検討だが、聖法と人定法との関係については、Peterson Rudolf, 'Divine Law or Man-Made Law? Egypt and the Application of the Shari'a,' *Arab Law Quarterly* 3, no.3 (August, 1988), pp. 231-53. イスラームの政教分離問題全体を論じたものは欧米でも僅少である

イラン革命・政治的イスラーム・テロリズム

一九七九年、世界があっと驚く中で達成されたのがイランのホメイニ革命であった。それまで米国の支援の下で、盤石の体制と思われていたパハレビー王朝のシャーの支配はもろくも崩れ去った。この進展は表面的な体制変更よりはるかに深い部分に達する地殻変動であった。つまり政治的な活動を旨とするイスラームの行動が、実際の政権という形で現実のものになったからだ。

それまでは特にシーア派では、宗教と政治とは峻別されていた。だからその頃より、「政治的イスラーム」という術語がしきりに用いられることとなった。本節では政治的イスラームの確立という観点からホメイニ革命を再訪し、そうすることでそれが中東全体にテロリズムを一層喚起させたことを見て、さらにそのテロリズムを除去する見通しは当面容易でないという見通しを持つこととなる。*

ホメイニ革命への道

十九世紀当時はペルシアと呼ばれていたイランは、同世紀を通じてイギリスとロシアの帝国主義的な欲望の標的となっていた。ロシアは伝統的に不凍港を求めて南進しようとし、当時のイランのカジャール王朝とは一度ならず戦火を交えていた。それに対してイギリスはイランにおいて鉄道開発や鉱山採掘の権利、森林伐採の権利、そしてタバコの独占販売権などを確保してロシアに対抗していた。

その間、イランは国家としての独立と統一を維持しつつ、それなりに西欧をモデルとした近代化努力に着手していた。政治的にも二十世紀初頭には、立憲君主制の下で議会を設立していた。しかし国内社会は部族的な地方分裂の傾向が強く、近代化の波は都会の中に限られたものに過ぎなかった。またそれは部族の都市への圧力ともなり、国内政治的には恒常的な不安定さが目立ち、強い指導力が発揮される土壌と環境に欠けていた。そんなカジャール王朝は無能力の代名詞のようであった。

次いで一九二五年に登場したのが、パハレビー王朝である。トルコ並みの世俗化を進め、女性用ベールの廃止、軍改革による中央集権化などの施策を実施した。しかし農業改革は成果を上げられずに、むしろ工業化努力は都市化と物価高騰をもたらして、それがまた若い労働力を欠く農村の過疎化と貧困を招いた。

一九六〇年代に入り、そのような広がる反政府の動向を反映する中で人気が高まったのが、シーア派の一指導者ホメイニであった。彼は政府批判の声を強めていったが、そのため国外への政治逃

＊「政治的イスラーム」の用語が流布し始めた頃の分析としては、Nazih Ayubi, *Political Islam: Religion and Politics in the Arab World*, London, Routledge, 1991.

亡を余儀なくされた。さらに一九七〇年代の後半、原油価格が低迷したことは、イラン経済全体に打撃を加えた。ホメイニは逃亡先のフランスからもイラン政府批判の声を強めていた。しかし彼にはまだ政治権力への宗教法上の根拠がなかった。

シーア派の教義の基本としては、すべての教えは預言者ムハンマドの娘婿で初代カリフ（スンニ派では第四代とする）であったアリーが秘伝するところによるものとされた。その後からは秘儀を伝える指導者であるイマームの系列に従うべきだが、そのイマームの連鎖は第十二代目がお隠れになったので、中断されたとする。ただしいずれまたイマームは現れることとなるので、それまではいわば小イマームが本来のイマームの意思を忖度《そんたく》して、信徒を指導することとされた。

このお隠れの期間は、二十一世紀の今日まで、いまだに続いていると見なされるのである。そしてその間は、この世の政治など雑事は正式のイマームの指導が得られていない以上取るに足らないものと見なされた。小イマームは宗務に専念すればいいのであって、この世の政治には関与しないのが正しいスタンスであるということになったのだ。さらにはこの小イマームは何人も現れることとなったので、十九世紀半ば頃には、小イマームの中でも棟梁《とうりょう》として認められる人物を特定する慣行も生まれた。その棟梁のことは最も信頼すべき伝統の元祖といったような意味合いの術語で、マルジャエ・タクリードと呼ばれた。

ところがホメイニが目にしたものは、イラン国民の窮状であり生活苦であった。彼はお隠れの期間ではあるが、小イマームであっても政治に関与し、延いては統治者になることも可能であるとの見解を示すに至った。彼のこの統治理論が宗教指導者と政治指導者を兼務することを可能にしたのであった。そしてこの理論が、「政治的イスラーム」を導き出すこととなった。一九八二年には、統治するのは集団ではなく、一人の小イマームでも可能であるとして、彼の統治理論は完成形を見たのであった。

イラン国外への余波

右に見たような状況であるから、ホメイニ革命は表面的な宗教的な革命ではなかった。本質的には社会革命であり、同時にそれは政治革命ともなったのである。そしてイスラームの指導者や活動家が直接政治に関与するという進展振りは、直ちにイラン国外に余波が及んだ。それは「革命の輸出」ともいわれた。例えばレバノンでイスラエルと戦うシーア派戦闘集団であるヒズボラを生んだ。さらには周知のとおり、シリア、イラク、イエメンとその国外勢力の伸長は際立っている。湾岸諸国の間でも、不安定要因であり最大の脅威として警戒されているところである。

また政治的イスラームの余波は、さらにはスンニ派にも及んでいった。ちなみにオスマン・トルコ帝国の指導者は宗教的権威であるカリフ職と政治的権威であるスルターン職を兼ねていたので、「政治的イスラーム」を事実上すでに実施していたともいえる。しかし当時はそのような用語はなかったし、また当人たち自身もそういった意識は持ち合わせていなかった。いずれにしてもそのカリフ職は、第一次大戦後のケマル・アタチュルクの革命により廃止された。さらには社会全体の脱イスラーム化が彼の最大のモットーともなったのであった。

話をイラン国外の政治的イスラームの動向に戻すと、スンニ派の政治的イスラームの兆候としては、すでにホメイニ革命以前より登場しつつあった。一九二八年、エジプトの静かなイスマイリーヤ市で、イスラームの原理原則を徹底して社会の更生に役立てようとする、ムスリム同胞団が誕生していた。もちろん政治的な課題も掲げてはいたものの、当初は福祉教育活動に重点を置いていた。

さらにエジプトの現状をイスラーム以前の「無知の時代（ジャーヒリーヤ）」であると規定して、反世俗主義と政府転覆の直接行動を訴えた思想家として、サイイド・クトブ（一九六六年獄中死）がいた。彼らは政府の弾圧を受けていたが、突然世界の注目を浴びることとなった。

それはホメイニ革命直後の一九八一年、過激派組織ジハード団がサダト大統領暗殺を敢行したことである。その後過激派の活動は、一九八〇年代を通じてますます手が付けられなくなった。ルクソールを見物中の日本人観光客がイスラームの習俗に反するとして、テロ襲撃の対象となったのも、その一例であった。

過激派は一様にイスラーム法の全面的な適用を訴え、また政治制度としては伝統的なカリフ制の復活を要求していた。これはスンニ派における統治理論であるが、ホメイニの統治理論と同様、あの世とこの世の両世界にまたがる独裁的な政治指導者を是認し希求する結果となったのだ。

二〇〇一年九月十一日のニューヨーク世界貿易センター・ビルなどに対する同時多発テロ攻撃を実施したアルカーイダ組織も、スンニ派で政治的イスラームを標榜《ひょうぼう》する集団であった。そして二

○一四年六月に樹立宣言のあった「イスラーム国（ＩＳＩＳ）」の登場ということになる。その代表のアルバグダーディーは文字通り、カリフ位を自称したことはわれわれの記憶に新しい。

イスラームの政治化

イスラームは宗教であるが、同時にこの世の諸事にも規範を及ぼす包括的な教えである。したがって政治であれ経済であれ、この世の諸事とはいつも直接に関係しているということが原則であり、基本である。

しかし「政治的イスラーム」という用語は遥かにその域を越えて、イスラームの教義内容の実現そのものを政治活動のモットーとして掲げる姿勢と活動を指して用いられる。そしてそのようなモットーの中心的な課題が、イスラーム法、中でも鞭打ちや腕切断などを含む刑法関係の完全適用であり、スンニ派では政治指導体制としてのカリフ制の実施である。

ところがイスラームを政治化するという発想の奥には、実は欧米文明を拒否するという衝動が働いていることも忘れられないのだ。いやむしろ、欧米への反発が先にあり、その方策としてイスラームの政治化が主張されているといった方が当たっている面も多くある。ただし本来のイスラームに悖《もと》るとして、いわば自己批判的に中東域内のイスラーム諸国自体を批判する勢力にもなりうる。

イスラーム諸国全体のあり方をイスラーム文明と呼ぶならば、この文明と欧米文明の対立関係こそが、政治的イスラームを生み育んだ揺りかごだということになる。これではいわゆる文明の衝突説そのもののように見えるかもしれない。しかし「衝突」ということがあってもそれは結果論であって、中東の側からすればあくまで欧米文明の拒否が念頭にあり、衝突のための衝突ではない。ホメイニ革命はこの意味でも、文字通り典型的な拒否反応を示していた。

本節の趣旨からしてここで再度強調しておきたいのは、このような政治的イスラームは中東政治における一大思潮として、決して消去されない勢いを持って登場し、すでにすっかり中東の土壌に溶け込んでいるということである。

さらに付言すれば、日本の多くの人にとってはイスラームの名前を耳にし始めた当初より、政治的イスラームしか見聞きしていないというケースも多いと思われる。つまり政治化したイスラームがイスラームそのものだと思っている人が多いだろうということである。

しかしイスラームは元来、決して政治活動自体が目的ではないのであって、そのように見受けられる現状は特殊な局面なのである。しかし現状としてはこれからも当分の間、政治的イスラームが中東地域を闊歩するだろうと予測される。この政治的イスラームに歯止めを掛けることができるとすれば、それは新たにホメイニ級のインパクトのある思想家の登場を待って、次のイスラーム改革に期待するしかないということになる。つまりそれは、思想改革であり理論の再構築である。

テロリズムはどこへ？

ところでホメイニのような思想家が出たとしても、その人物に何を期待するのか。彼以前のイランがそうであったように、まさか政治と宗教を分離する制度に戻ることは考えられない。一旦政治参加が始まったら、小イマームたちも活躍の場を失いたくないのは、人として当然である。それとイスラームの権威以外には、右から左に簡単にその代替物となる政治的な権威を探し出すことは、まず考えられない。

ちなみにイランやサウジアラビアのように、イスラームを政治のモットーとして掲げるにしても、国家権力を掌握するとその言動には自ずと抑制力が働き、いわゆるテロリスト活動家らとは一歩離れたスタンスを取って体制維持に回り、直接行動に手を出すことは控えざるをえない。

問題なのは、そうではない小集団やグループのテロリストである。彼らの思想は過激化して、活動は直接行動をいとわず、それも国境を越え欧米にも飛び火しやすいなど、問題点は多岐に渉ることと周知のところである。

それら小集団・グループのテロリストは、「弱者の戦争はテロリズム呼ばわりされ、強者のテロは戦争と呼ばれる」とでも言いたいのであろう。全く彼らを阻止するような効果的な歯止めは見出されていない。域内外からの支援を得るのに大きな障害もないようだし、何といっても大義名分は自分の方に十分あると考えているのである。それは対欧米かもしれないし対シーア派かもしれないし、あるいは体制側にあるスンニ派に対抗するものかもしれない。もちろん対イスラエルとなれば、それは全イスラームの課題である。

これらのテロリストたちは、今後の中東政治において相当黒い汚点を歴史に残すこととなろうが、その勢いを削ぐ要因は今のところ見出しがたい。空爆をしても結局のところイタチごっこであり、トカゲの尾切りに過ぎないだろう。しばらくすると元の木阿弥である。政治的イスラームの落とし子のようなテロリズムは、これからの中東政治において、強靱な一主軸となっていかざるを得ない。

テロを憎むにしてもわれわれとしては、ただ現象への対処に明け暮れるのでは全く不十分である。その原因に関しても、後ろへ一歩引いて一考を加えなければならない。テロリストたちは追い詰められたネズミであり、窮鼠《きゅうそ》猫を嚙むという諺通りの力学の産物である。*

スンニ派・シーア派の思想対立と「イスラーム国」

スンニ派とシーア派の歴史やその諸関係を、今一度整理して振り返っておこう。そうすることで問題点を明確にすることができる。

両派成立の経緯

シーア派が生まれたのは、イスラーム暦第一世代の頃、西暦七世紀のことであった。それは基本的には正統カリフのアリー（六六一年没）の人望が高くて、彼を強く支持する人たちがその死後も遺徳を偲んだことが出発点となった。イスラームの教えは彼に預言者ムハンマドより秘伝されて、それはアリーの直系しか伝えられないと主張し始めたのであった。ちなみにアリーは、預言者ムハンマドの娘婿でもあった。そしてこの一派は、「アリーの党（シーア・アリー）」と呼ばれたところから、シーア派という名称が定着したのであった。

シーア派は当時のウマイヤ朝と対立して、アリーの息子フセインがウマイヤ朝により殺害されたのでますます興奮は高まった。そしてそれを悔やんで支持者である自分たちが十分に彼を守らなかったからだとして、自分の身体を痛めつける毎年の恒例行事（アーシューラーといわれる時期に実施）となった。なおシーア派に従うと、アリーは初代のカリフであるということになる。それまでの三代のカリフの継承は、秘伝が伝授されていないので認められないということである。

アリーの後は、正式に秘伝を伝授された特定のイマームに従うとするシーア派の基本思想に従い、シーア派はますます分派活動を推し進めることとなった。イランで十六世紀以来、国の宗派として正式に採用されてきた十二代派は、指導者がその代でお隠れになったとする。正式のイマームが現れるまでは小指導者でつなぎ、いずれ現れる十三代目のイマームを待とうという救世主出現の考え方である。五代派（イエメンのザイド派）や七代派（十一世紀エジプトのファーティマ朝や現在もインドにあるイスマーイール派）も同様の発想で、それぞれ五代目、あるいは七代目で秘儀を伝える指導者のイ

＊　なぜ過激派が生まれてテロ行為に走るのかには種々の説明があるが、『21世紀の資本』で知られるパリ大学トマ・ピケティ教授は経済的な不平等に原因があるとしている。japan.hani.co.kr/arti/international/22661.html

マームはお隠れになったと考えるのである。またレバノンやシリアに多いドルーズ派やアラウィー派もシーア派とされる。これら分派の多様性を跡付けて、その系譜を追う作業は、一つの大きな研究分野となっているほどである。

イランがどうしてシーア派を採用したのかは、自らのアイデンティティ確立の問題であり、背後にはアラブとの対抗意識が強い。アラブの方でも、従来アジャミーと称して、イラン人を何かと二流市民扱いする向きがあった。アジャミーとは外人の、といった意味でアラブではないということを一義的には意味する。

このような流れの中で、十世紀に至りスンニ派も漸く自らの名称（アフル・アルスンナ・ワアルジャマーア）を持つようになり、その簡略な呼称として「スンニ派」が誕生した。その名称の原語の意味は、「慣行と総意の人々」ということで、コーランに次いで重要な預言者伝承で示される預言者の慣行と関係識者の総意により物事を決定し進めるという意味である。それは合議制であるから、アリーであれ誰であれ、秘伝された教えはないと考えるところがポイントである。

こうしてイスラームの中に、主要な拮抗関係が出来上がったことになる。その性格は、本来信仰箇条の理論的な根本問題をめぐるものではなく、誰を指導者にするかという問題であったのだが、時代の波にもてあそばれているうちに事態は硬直化してしまった。

当初は、両派を越える結婚は日常茶飯事であったし、両派のモスクが隣同士に建てられることも珍しくはなかった。両派間の緊張は随時見られるとしても、それは宗派間の争いというよりは社会的で、生活レベルの話が少なくなかった。

しかし十六世紀のイランにサファビー朝が十二代派を正式に国教と定めてからは、抜き差しならない様相を帯びることとなった。そして西の王者はオスマン帝国というスンニ派の旗手が確立されたのであった。

以上に加えて事態を緊迫化させたのは、西欧の植民地主義であったということになる。それはアリーの旧居のあるナジャフと息子フセインの殺害されたカルバラの両市はシーア派の聖地であるが、その区域をイラクの一州としてイギリスの委任統治体制が組まれたからだ。そしてイラクにはスンニ派の政権を樹立させていた。一方イラクの多数派はシーア派の人々であったのだ。こうしてイラクには、国内対立の要因とイランとの対外的対立関係という要因が、ビルトインされたことになった。

両派はそれぞれが異なる預言者伝承の集成を維持しており、コーラン解釈も異なるところが多々ある。他方、重要な儀礼や信仰箇条はほぼ同一である。特に巡礼は一緒に実施されていることは周知のところであろう。アッラーを唯一神と認めて、預言者ムハンマドが最後の預言者であることも同様だ。ただシーア派では、一番終わりに「アリーはアッラーに従う者だ」という一言が、礼拝の呼びかけの際などには加えられることになっている。*

＊ ただし二〇一六年九月の大巡礼をイラン側は実施しないと同年五月に発表した。サウジ側は同年一月の外交関係断絶声明の中で、巡礼は例外として通常通り認めるとしていた

係争の意味合い

スンニ派とシーア派の対立関係を、キリスト教のカトリックとプロテスタントの争いにたとえることがよく見られる。後者のプロテスタントは明らかに前者のカトリシズム批判として出発したものであったが、この点に関してはスンニ派とシーア派の相互関係はかなり事情が異なっているというべきだ。

イスラームでは人との関係で事態が左右されることが非常に多いことは、序章や本章の「固定観念の縛り」の中ですでに言及した。つまりイスラームでは組織図上の機能的な把握よりは、特定の人との個人的な関係が重視されるのだ。ここでもイスラームはキリスト教と異なり、神学の理論上の争いではなく指導者選びという観点が基軸となってシーア派を起こしたのであった。

しかし両者のいずれが正しい解釈をしているかという争いの側面があるという意味では、イスラームの場合もキリスト教の場合も近似しているということになる。そして本来は神学や法学論争の問題に収めることも可能であったのが、その域を超えて社会的から政治的な争いの場に移行されたので問題が肥大化したという点でも軌を一にしているといえる。

融和・協調？

一旦事態が政治問題化すると、それを元の鞘に戻すことは至難の業だということは、多くの事例においてみられる現象だ。それだけにスンニ派とシーア派の関係についても、安易な楽観はありえない。

他方、一応種々融和の努力も従来行なわれてきたのも事実である。両派の専門用語集を共同で作成しようといった学術的な試みや、両宗派対話の会議の開催も提案され、一部実施されている。ただしそれらの多くは、具体策に乏しくモットーを掲げることばかりが繰り返される嫌いがある。

要するに両派とも主張の中核部分で譲る気はなく、また譲らなくても問題や紛争が表面化せずにしかるべく抑制されていれば、それで特段困るような問題があるわけではない。それが実情なのである。

スンニ派にしてみれば、シーア派などがどうして存続するのか、存続するならば何をイスラームに寄与したというのか、といった疑問が投げかけられる。しかし逆に言えば、そこで止まるのである。それ以上に、相手に介入してどうにかしようというものでもなければ、またお互いにそこまでの節介焼きの発想はないのである。

ところで今後はどうなるのかは、右に見たような基本的な事実を踏まえることになる。

そこでさらに一歩突っ込んでシナリオを描いてみると、両派の抗争や反目は中東を二分しての天下分け目の決戦にはならない要素が大いにあるということだ。なぜならば両派は自己充足的であり、互いに対して冷めた目を持っている。双方ともに自らの解釈から生まれてくるイスラームに関して持っている確信がそうさせているともいえよう。

そして日常的な摩擦の類いは、両派ともある程度は覚悟済みでもあるのだ。それがいままでの歴史であったし、そうでなくても宗教間のいざこざが絶えないのが中東である。キリスト教にも多くの宗派が乱立している。ユダヤ教徒、ゾロアスター教徒などなど、古代以来の社会のモザイク模様はあまり変わっていない。

完全な融和や協調はあり得ない半面、対立関係の上限ははっきりしている。スンニ派国家対シーア派国家という国家ベースで相手側の改宗を目指した大規模な戦争は前例を見ない上に、そもそも互いに根絶することなど視野に入っていないのである。

このスンニ派とシーア派に関する緊張関係の上限を見定めているからこそ、二〇一六年一月、サウジアラビアは在テヘランのサウジアラビア大使館にイラン人が火を付けたことへの対抗措置として、外交関係断絶という厳しい措置を迅速に取れたともいえる。イラン政府も大使館襲撃に関しては遺憾の意を直ちに表明し、両国関係回復への希望を明らかにした。

しかし嫌がらせのような事件は今後とも絶えないであろう。一九七九年秋、シーア派の巡礼者がメッカで巡礼中に聖地を占拠しようとする騒ぎがあったし、二〇一〇年頃には、カルバラにカアバ聖殿に似た建物を建造して、その周りを巡回する巡礼中の一儀礼を真似た行動をとって問題視された。一過性の出来事は今までもあったし、これからも絶えることはないのである。

そのような出来事として将来に想定されるのは、イランによるイラク南部への侵攻である。サダム・フセインによるイラン・イラク戦争の逆で、バスラという港町の他に、イラク南部は元来シーア派の聖地であることはすでに述べた。そこをイランが望まないはずはないし、オスマン・トルコ治下でもトルコ人知事が統治していたことはあるにしても、固定されたイラクの国境線を引いたのは、イギリスが一九二〇年代に決めたに過ぎないのだ。従来この地区を巡っては、イラン・イラク両国間で不透明な状況が維持されてきた。

いずれの一事をとっても、石油資源の安定供給を著しく妨げる関係上、国際的には大騒ぎとなることは避けられない。しかし中東という脈絡から見れば、それは今までもあったし、これからもありうるという意味で全体のシナリオの変更をきたすような性格の出来事ではないということになる。

ここでさらに検討を進めるとして、イランとサウジアラビアに平静な時間が戻ったとしよう。本当の意味での和解の時代の到来である。湾内の機雷などの撤去作業も終了したとしよう。そうすると何が予想されるのか。第一には、ペルシア／アラビア湾の漁業開発である。ところでこの湾はアラブであるかイランであるか、立ち場により異なるので名称に気をつける必要がある。

さて同湾は長年戦時下にある地域として、その漁業資源は全く手つかずのままで、世界最後の処女漁場なのである。陥没でできた湾であるため、特にイラン側の沿岸部分は急な岸壁構造であり、多種多様なプランクトンの宝庫である。ということは、そこは豊かな漁場であることは広く漁業関係者は知ってもいるし、人より一歩でも早く乗り込もうと、彼らは手ぐすね引いて待っているのである。*

そうなると湾岸周辺関係各国の漁場及び漁獲量の取り合い合戦が始まることとなるのであろう。

要するに平和になったからこそ光の当たる、新たな係争事案が待ち受けているのである。それは時にはスンニ派とシーア派といった色彩で語られることもあるかもしれない。しかしことの本質は、世界の多くの地域と国々において見られてきたような通常の事案という性格である。

「イスラーム国（ＩＳＩＳ）」がしている戦い

二〇一四年六月の「イスラーム国」の出現は、二十一世紀の珍事といえるだろう。このような魔物のような、そしてアメーバのように無定形に触手を伸ばす生き物が登場するとは、誰も予測できなかっただろう。そういう著者自身も全く想像もしていなかったし、いまだにいずれ遠からず息の根が途絶えるのではないかと思うほかない。

このような異常性に反して、彼らの主張の中核部分は極めて必然なもので論理的と思われることが、逆に浮き彫りにされるのである。それはシーア派を追放して、コーランと預言者伝承（ハディース）にのみ従う純粋なイスラーム社会と国家を建設したいということである。これこそは原理主義者たちが長年主張してきたことであり、それだけにその部分だけは多数のムスリムの支持を得ることができている。具体的には、政治制度はカリフによる統治をして、イスラーム法を全面的に適用することである。この意味では「イスラーム国」には格別新たなものは含まれていない。

因みに、二〇一五年に二名の日本人人質事件が起きた時に出された、「イスラーム国」広報官とされるアブー・ムハンマド・アドナーンの「あなた方は怒りをもって死ね」という演説を、著者は録音で何回も丹念に聴いたことがある。そのとき驚いたことは、そこで展開された議論や諸説の主要点は、伝統的なイスラームの教説と比較しても何ら間違ったことは主張していないのである。つまり彼にしても「イスラーム国」の指導者とされるアブー・バクル・アルバグダーディーにしても、イスラームのことはよく学習し、その主要点を間違えずに踏まえているということである。世が世ならば、いずれも立派な説教師として登場していたのかもしれない。

テロという手段やそれを肯定するかのような似非論理は非難され、決して許されることはないにしても、彼らのイスラーム思想の基本は別問題であることを明らかに示した。歴史上正統派とされる著名なイスラーム学者の学説と、「イスラーム国」の主張を丁寧に比較する研究者も将来出てくるであろうが、恐らくその結論はほぼ見えている。彼らのしていることは、反欧米感情をドラマティックに誇張して露骨に表現し、さらにテロという手段で現実行動に移したということである。

もう一点「イスラーム国」の登場が論理的とする理由は、イラクにおいてサダム・フセインが米国他の連合軍によって追放されて新体制が導入されていたことで、イラクのシーア派の躍進が大きかったことに関連する。選挙であれば当然多数派のシーア派が圧倒的に有利となる。人口の約六割を占めているからだ。このままスンニ派は黙って引き下がるのかな、というのが著者を含めて広く持たれていた偽らざる疑問なのであった。

＊　これは著者が日本漁業協同組合連合関係者より直接聴取したところであるが、いまだ資料は現地側にも存在していない。http://saudinomad.karuizawa.ne.jp/gulffishes.html

これがシリアの混乱状態とタイミングが重なった。シリアではスンニ派主導によって反アサド政権の抵抗運動が続けられていた。こうしてスンニ派の巻き返しを望む潮流が、相乗効果によって一気に高まったのであった。

しかし「イスラーム国」の手段はあまりに獰猛である。斬首刑を動画で流し、また場所を選ばぬような自爆テロ活動を敢行して世界の非難を浴びている。さらに人を驚かせているのは、イラクとシリアをまたぐ形で実際の領土支配を達成したということである。もちろんそれらの土地はイラクとシリア双方において国内事情から手が回らずに放置された格好になっていたということはある。その空白を埋める形で、「イスラーム国」は手当たり次第に版図を広げたのであった。

他方海外からの応援要員としては、約八十カ国から二万人が集結しているとされる。これらリクルートされた連中は一様に若い世代であり、欧州における長年の不満の鬱積が直接行動に走る背景となっている面も大いにある。移民の第二世代や第三世代の不満であり、植民地主義政策と現在の欧州各国の扱い振りに関する恨みが子孫の代である今になって表面化してきたということにもなる。既に数十年以前に蒔かれていた種子が、現在実を付け始めているとも言いうる状況である。

新たな怨念

こうして見ると「イスラーム国」は前世紀以来の恨みへの報復であり、また現在も続けられる欧米からの介入に対する怒りの表現であるということになる。したがって、後で相当詳しく述べる欧米への反発という点に帰着することとなる。ということはこれも後述するが、かつての大イスラーム帝国を復活したいという、かれらの「夢」の実現というシナリオに沿った話になる。

これから「イスラーム国」はどのような方策を取り、どのような新たな作戦を取るのであろうか。それへの対応の必要もあり、大半の人々の関心の高い課題である。よく言われたことは、それは地中海への直接のアクセスとして、レバノンの沿岸地帯に支配を伸ばしたいとも見られた。

あるいは「イスラーム国」の国際的な影響力を高める一番の早道は、イスラエルへの圧力を高めることである。そのためにはヨルダンへのアクセスを確保することである。そしてパレスチナ抵抗活動家たちと直接の連繋を取ることである。ヨルダンには標的となりうるシリア人難民キャンプや、あるいは共同行動も考えられるパレスチナ人難民キャンプも大規模なものがいくつもある。「イスラーム国」がヨルダン方面に活動を活発化する場合には、以上のように新たな戦闘方針が立てられた可能性を示しているので注目する必要があろう。

「イスラーム国」自体が早晩壊滅させられると想定しても、結局のところ人間は残る。その人間には新たな怨念が産み付けられているのである。それは蜘蛛の子を散らしているに過ぎない。あるいは、その様子はあたかも映画の一場面を思い起こさせる。怒る恐竜を退治したと思った時には、もうそれが産み付けた多数の卵が孵化して、そこから子供の恐竜が続々と誕生しているといった状況だ。誰しもそのシーンを見た覚えがあるだろう。

「イスラーム国」は何と戦っているのか、という疑問を持つ人がいる。確かに少々頭をひねらされる感じはある。しかし要するにその怒りの対象は、まずシーア派であり、次いで欧米諸国であり、そして現在の中東諸国を支配するいくつかのスンニ派政権ということである。まさしく「イスラーム国」は、全方位的に怒っているということになる。

そしてこの怒りは表面的で一時的なものではなく歴史に根差したもので、また人間としての尊厳と生きがいに関わる深さを持ったものである。それはムスリムとしての自尊心だけではなく、欧州において行きどころがなくなったと考えている若人たちの心境でもある。このような揺るぎなき怒りが「イスラーム国」破壊により域内外の各地に移転し拡散されることで、何とも居心地の悪い世界を招来することになるのは遺憾ながら避けられないであろう。

根深いイスラエル問題

イスラエルとアラブの間において、四度にわたる戦争を経て今日の状況に至ったことは、周知のところである。二回目と三回目の戦争は、イスラエル側の逼迫した対アラブ危機感が直接の引き金となった。いやます危機感は今日現在も払拭されていない。他方アラブ側の心理を比喩的にいうと、ニューヨーク世界貿易センターの9・11同時多発テロがアラブの小忠臣蔵であるとすれば、イスラエルとの戦いは、アラブの大忠臣蔵ということになる。

長い歴史と現状

ユダヤ人の長い歴史は、北側からユーフラテス川流域の民族が、紀元前二〇〇〇年頃、今のパレスチナの地に移動して始まったものとされる。他方エジプトに行ったものたちの中には、預言者モーゼの出エジプトによりシナイ半島を経てパレスチナに入ったものもいた。その後その地にユダヤ王国が建設されるが、紀元一世紀にそれはローマ帝国の支配下に置かれることとなった。しかし同時にそのことが、ユダヤ人の離散（ディアスポラ）の始まりともなったのであった。アラビア半島に離散で流れたものも多かったのは自然だが、それはコーランにユダヤ人の記述が頻出することからもうかがえる。

その後七世紀からは、パレスチナはイスラーム勢力の支配するところとなった。それに対して聖地奪還を目指した十字軍が、ヨーロッパ大陸横断の途上で必要となった資金調達のために、しきりにユダヤ人を殺害しその財産を収奪した記録が残されている。しかし一旦はアラブの手に戻ったパレスチナの地であったが、歴史は巡り巡ってユダヤ人の帰郷の時代がやってくることとなった。以下はその帰郷の時代以後の概要である。

四度の戦争

ヨーロッパにおいてユダヤ人は常に社会のしいたげられた存在であった。彼らは生活習慣も異なり、嫌われる高利貸しなどをする者も多く、また何といってもローマ人に対してイエス・キリストを売ったのはユダヤ人だったからである。そして十九世紀の末頃からは、ロシアで激しいユダヤ人迫害（ポグロム）が続くこととなった。またそれはさらに、東ヨーロッパに飛び火した。

そんな中、第一次大戦中に、一方でアラブの独立を認める約束をしつつ（フセイン・マクマホン書簡）、他方ではユダヤ人に祖国を約した（バルフォア宣言）イギリスの二枚舌外交が問題の種を蒔くこととなった。さらに戦後の中東を英仏両国で分割支配することを約束した秘密の英仏協定（サイクス・ピコ協定）を入れると、三枚舌を使っていたことになる。

大戦後はユダヤ人の移住が進み、他方ではパレスチナ人を中心としたアラブ諸国共同の抵抗運動が展開された。それは早くは一九三〇年代から見られたが、必ずしも武力行為ではなく、インドのマハトマ・ガンジーの無抵抗な方法に非常に大きく影響されてもいた。

このようなユダヤ人移住が促進された最大の原因は、ナチス・ドイツによるユダヤ人大量虐殺（ホロコースト）であった。同時に他の東ヨーロッパやロシアからの移住活動も起こされていた。こうして、第二次大戦終了後、まず一九四七年に国連主導で中東分割案が成立した。パレスチナの約六割がイスラエルのものとされた。

しかしその実施もおぼつかない間の、翌四八年、周辺アラブ諸国の独立が進む中、イスラエルとの第一次中東戦争が始まった。それにはエジプト、ヨルダン、サウジアラビア、シリア、イラク、レバノンの六カ国が参戦した。しかし統率が乱れて、戦況はイスラエルに有利なかたちで終結した。

東エルサレムは国際管理から東西の分割統治となり、またパレスチナの全域の七七パーセントがイスラエル統治下に置かれることとなった。

次いで新生エジプトのナセル大統領は、一九五六年、スエズ運河を国有化し、ソ連からの武器支援を受け始めた。そんな中イスラエルが、第二次中東戦争の戦火を開いた。ハンガリー動乱で世界が振り回される中であった。しかし米国は問題の長期化を避けるために介入し、英仏は撤兵、シナイ半島はイスラエルからエジプトに返還されることとなり、さらに国連平和維持軍の駐留も決まった。そしてアラブ側の動きとしては、パレスチナ解放機構（ＰＬＯ）が結成されることとなった。

第三次中東戦争は一九六七年六月、イスラエル軍の電撃作戦で終始した。背景にはシリアに呼応したエジプト軍の集結や国連軍の撤兵があり、イスラエルはシリアも含めたアラブ側の急襲を恐れたのだ。シナイ半島やガザ地区を占領し、また西岸地域、ゴラン高原、エルサレム全域を手中に収めた。パレスチナ難民問題も拡大した。

新占領地区ではユダヤ人の入植が進められ、パレスチナ人の拘束、行動の自由制限などが激しくなった時期であった。そして最後の第四次中東戦争が、一九七三年十月に開始された。今度はエジプトとシリアの共同作戦でアラブ側の先制攻撃となったが、ユダヤ教の祭日を狙ったものであった。シナイ半島とゴラン高原の両前線で戦闘が開始された。しかし今度も米国の介入により戦闘の結果は灰色となり、結局アラブ側はほとんど何の収穫もなかった。ただしそれにもかかわらず、アラブ諸国側は戦勝ムードに酔っていた。

しかし六年後の一九七九年三月には、他のアラブ諸国を置いてきぼりにして、エジプトはイスラエルとの単独の平和条約を締結するという形で報奨を得た。それまでには米国主導のエジプト・イスラエル間のキャンプ・デービッド合意も作成され、平和条約への道は均《なら》されつつあった。また三年後の一九八二年には、シナイ半島はエジプトに返還された。

その後、この和平推進の方向には大きな犠牲を伴うこととなった。推進派のサダト大統領は一九八一年、戦勝パレード中に過激派集団の凶弾に倒れることとなった。彼は国内の政治基盤作りのために過激派分子を釈放し、また大学生に大幅な自由を与える姿勢を維持していた。次いで一九九五年には、イスラエルの和平推進派であったラビン首相が過激派のイスラエル人青年に暗殺されてしまった。

以上の略史よりイスラエルが仕掛けた二回の戦争——第二次と第三次——においては、両方とも直近のイスラエルの対アラブ恐怖心が大きく影響していることが読み取れる。第二次戦争においてはスエズ運河の国有化やソ連製武器の大量入手などの要因が恐怖心を持って受け止められた。また第三次戦争では、シリア軍のゴラン高原での動員や国連軍の撤収、そしてエジプトの連動した動向が恐怖を覚えさせる原因となった。それがイスラエルの電撃作戦の背景であった。

PLOの動向

現状では、パレスチナ人に対する非人道的な諸措置がイスラエルに対する敵対心の主原因となっている以上、その代表機関であるＰＬＯの動向に焦点を当ててみよう。

エジプト一カ国がイスラエルと和平を結んだとしても、それは占領下にあるパレスチナ人には何の前進でもなかった。一九八七年以降は、イスラエル抵抗運動（ハマース）組織がガザ地区において激しい活動を展開した。それは、拒否運動（インティファーダ）と呼ばれて知られることとなった。

この占領地を巡る争いの激化を踏まえて、イスラエルとの間の仲介努力が当初は米国が、次いで中立国ノルウェーによって展開されて、それがパレスチナの自治を認めるという方向のオスロ合意として成立したのであった。一九九三年九月のことであった。それによりパレスチナ側の戦闘行為停止と共に、漸次イスラエル軍の撤収が図られて、パレスチナの自立政権樹立を目指すというものであった。ＰＬＯはＰＡ（パレスチナ自治政府）に移行することとなった。

しかしその後、事態は進捗していない。双方の不信感は募り、オスロ合意のプロセスは具体的な成果を上げないままにいき詰まってしまった。エルサレムの扱いも進展はない。第一次中東戦争では東西分割が合意されたが、第三次戦争ではエルサレム全土をイスラエルのものとして、さらにはそこを永遠の首都とする旨の一方的宣言が出されたのであった。当然これは国際的な承認を得ないままである。

イスラエルでは和平派のラビン首相暗殺に続いて、強硬派の第一次のネタニヤフ首相やシャロン首相などが登場したこともあった。また９・11事件を挟んで、米国はイスラーム勢力との一時的融和を目指したこともあり、イスラエル側の対米不満が増加した局面もあった。これらの動揺は結局、イスラエルとパレスチナ側の双方におけるテロ行為の激化という事態を招くこととなった。

そしてついに二〇〇四年、ＰＬＯ議長であり新パレスチナ自治政府の初代大統領でもあったヤセル・アラファトが他界した。彼は一九九四年、ノーベル平和賞を得ていた。しかし彼の死後、遺体から高濃度放射性物質のポロニウム二一〇が検出されて、毒殺説も囁《ささや》かれるなど喧噪は絶えなかった。ただしフランスの調査結果では、彼の死は自然死であると発表された。

イスラエルの自由時間

イスラエルは、特に欧州では、第二次世界大戦の際のユダヤ人大量虐殺に対する贖罪の目で見られ、それだけに擁護しなければならない存在とされることが通常であった。それに米国からは、重要で安定した同盟国という政治、軍事上の価値が認められてきた。ところが時間の経過とともに世界大戦から縁遠い新世代の交代が進み、あるいは政治状況も変化し、この二つの支持基盤は相当揺らいできている。ただでさえ米国の中東離れがオバマ政権の下で進められてきた。

他方イスラエル自身も、西欧はイスラエルを本当には守ってくれないのではないのかという疑心暗鬼を強め、その疑念は一方で従来のような西欧風の近代国家というよりは、ますますユダヤ国家であるという自己認識を強める方向で変貌しつつあるといえる。また同時にイスラエルにおいても、時間の経過とともに、建国初期の世代から次の世代への交代が進んできている。それは長年の国内外での戦闘の日々に疲れた世代でもある。

こういった全般的な潮流の変化が顕著な中、さらにもう一つの急激な変化がイスラエルの周辺地域で生じてきた。それが「アラブの春」以降の局面である。この新展開は二〇一一年以降だからさほど時間は経っていないようだが、イスラエルにとっては鬼のいぬ間の洗濯の貴重な時間となったのだ。

欧米の主要な関心事が、アラブ諸国における革命騒ぎであり、より最近のシリア情勢や「イスラーム国」の騒動に集中せざるを得ない状態である。これでイスラエルは「鬼のいぬ間の洗濯」とばかり、相当の行動の自由を得たのと同じである。その中心課題は、いかにユダヤ国家の永続する安全と繁栄を確保するかという古典的な問題である。そのために果断な行動に走る自由が生まれているのである。

パレスチナ問題ではなくイスラエル問題

アラブ側の対イスラエル怨嗟《えんさ》の根源は何か、それは長い歴史的な経緯もさることながら、一番大きく影響しているのは間違いなく目の前で起こっているイスラエルの非人道的な諸行為である。この恨みと憎しみを増大させたのは、そもそも論となるが、イスラエルはコーラン上でそのように規定されているということも重要な要因である。同時に重視しなければいけないのは、イスラエル側の反応であり、彼らが強く持っている対アラブの恐怖心である。対テロの戦いに衆目が集まり現在は注目度が低くなっているが、今日現在も増幅している一触即発の状況を直視しておきたい。

① アラブの怨嗟

・イスラエルの非人道的政策

行動の自由を得た感覚のあるイスラエルがとってきた措置は、防衛であり安全確保という説明があるとしても、国際的な非難を浴び続ける非人道的なものであった。二〇一四年三月には、国連人権委員会は、「東エルサレムを含む占領下のパレスチナ領域における人権状況」という報告書を採択した。その中では、いかにイスラエルが種々の人権関連の国際規約や諸取り決めに違反した行動を取っているかが述べられ、その政策を糾弾するものとなっている。

昨今特に注目を集めてきたのは、ガザ地区を巡るものであった。海上封鎖も含めて、狭い地域内に住民を封鎖して、昼夜を問わず攻撃が加えられてきた。中でも、散弾の効果のあるフレッシェット弾、火傷被害を及ぼす照明弾の白リン弾、あるいはイラク戦争でも用いられた多元的発散能力のあるクラスター弾などが使用されてきた。この被害者の悲惨な写真がネット配信されたり、アルジャジーラ・テレビで放映されてきた。

ガザ地区以外の占領地である西岸地区でも、恣意的な逮捕、拘束や入植活動が展開されている。エルサレムでも同様でそこでは人の往来を停止させるために巨大な壁が建造され、多くの人の生活を奪う結果ともなっているのである。イスラームの聖地の一つである預言者ムハンマドが昇天したとされる「岩のドーム」の中の岩はコンクリートで固められてしまった。このドームを含むアクサー・モスクはイスラエル兵が軍靴で出入りしている。

以上かいつまんで見たイスラエルの暴挙は、非人道的なものであるという点において、それは世界的な視野での問題となっているのである。そしてまさしく問題の本質は、パレスチナ問題ではなくイスラエル問題であることを重視すべきであろう。

・コーラン上の定め

一つの思想や宗教信奉を持っていると、特定の事態の捉え方がその教えの中のストーリーとして見られがちであることは自然であろう。ある労働組合の闘争が、あたかもマルキシズムの階級闘争そのものであると映るのと同様である。ムスリムにとっては、悲惨な状況が続くとそれは不信者の統治が原因として映らざるを得ないのである。そしてそのような不徳で不信仰な者に対しては、いずれ必ずアッラーの厳しい審判があるものと見ることとなる。怨嗟はそのような心理過程のプロジェクターであり、コーランの筋書きはスクリーンに映写される画像のようなものといえる。

イスラエル非難を語る時に直ちに想起されるコーランの章は、第一七章の「夜の旅章」である。その出だしの部分の要点は次の通りである。

まずモーゼに対してアッラーが授けられた律法において、イスラエルの子孫に対する教えが示される。

「われの他に守護者を持ってはならない。」（夜の旅章一七：二）

つまりアッラーの他には崇める対象はなく、唯一神であるということである。次いで彼らに対する啓示が降りた。

「あなた方は必ず地上で二度悪を犯し、必ず甚だしく高慢に思い上がるであろう。」（同章：四）

まず「地上で」という意味は、コーラン解釈上「地球上で」という意味に解されて、要するにイスラエルの子孫はこの世を破壊するものとされる。

その上で、一度目の悪事は、預言者ザカリヤの殺害である。彼は親戚として、イエスの母であるマルヤムの養育に当たったとされるが、イスラエルの民は多くの預言者を殺害してきた。殺害後アッラーは懲罰を下されたが、その後彼らの悔悟を受け入れて赦されたのであった。この一回目の悪事の結果の懲罰は以下の通りであった。

「それで二つの中、最初の時が来た時、**われ**は下僕の中の武勇に富んだ者を、あなたがたに遣わし、かれらは家々の最も奥に入り、約束は成し遂げられた。」（同章：五）

二度目の悪事は、ザカリヤの息子で預言者であったヤハヤーの殺害であった。再び彼らの悔悟は受け入れられたが、彼らは悪事を繰り返したので、アッラーはその使いを派遣してそれによる支配で彼らを罰されたということである。

「それで二番目の時が来た時、あなたがたの顔は曇り、最初の時のように、かれらはマスジドに侵入し、すべてはかれらによって徹底して踏みにじられ壊滅に帰した。**われ**は不信者のために、地獄を牢獄として設けた。」（同章：七）

マスジドとは通常モスクと訳されるが、ここではエルサレムにあるものを指す。今ではアクサー・モスクと呼ばれているところである。その境内には預言者ムハンマドが天に昇る時の出発点となった岩を囲む、「岩のドーム」が配置されている。

この「夜の旅章」は別名、「イスラエルの子孫章」とも呼ばれるほどに、イスラエルのイメージを作り出しているのである。そこで現在、イスラエルの首相、あるいは兵卒らがアクサー・モスクに闖入《ちんにゅう》するたびにこの章の筋書きが思い起こされ、パレスチナ人の怒りが頂点に達するということが繰り返されるのである。

ところでコーランの教え全体としては、宗教中立的であるといえるだろう。

「あなたがたには、あなたがたの宗教があり、わたしには、わたしの宗教があるのである。」（不信者たち章一〇九：六）

しかし一旦イスラエルへの敵対心が高まると、右の教えとは反対の意味合いの箇所も少なくないのでそこに意識が集中することになるのだ。宗教や道徳の教えとは、正反対に受け止められる言説を多数同時に含んでいるものである。もちろんそれが表面的な言葉上の理解とそれに基づく対比に過ぎないとしても、である。

「夜の旅章」は「イスラエルの子孫章」とも称されるに至ったことで、ムスリム全員にとって同章は、イスラエル非難の宣言書のような位置づけとなったのであった。それは怨嗟の憲法であるとも形容できるのである。

ところで「イスラエル」という言葉の語源は、ヘブライ語で「神の王子」あるいは「神のために戦う人」という意味だった。いずれにしても預言者ヤコブの名前であり、ヤコブが古代ユダヤ王国の初代国王であったので、イスラエルが国名になった。国旗に星を挟んで上下に青色の帯がデザインされているのは、ユーフラテス川とナイル川の象徴であるとされる。それがイスラエルにとっての、全版図ということであろうか。

これほどに四面楚歌の状態にあるイスラエルという国名を変更すれば、なにがしかパレスチナとの緊張関係が緩和されるのではないかと期待したくなるところである。しかし右に見たような由来を持っている国名の変更などは、現在のところ全く考えられないようだ。

② イスラエルの恐怖心

一方、イスラエル側の対アラブ恐怖心も尋常ではない。この側面はあまり語られることがないが、想像するのは容易であろう。そしてイスラエルについては、核武装しても結局最終的に依存できる自衛手段がないのではないかと懸念は増大するのである。

・ユダヤ教司祭（ハーハーム）の戦慄と叫び

イスラエルも長年の戦闘を経て疲れが出てきたというのが、昨今の偽らざるところである。ここで見るのは、イスラエル側の対アラブ恐怖心も相当深いところまで浸透してきているということだ。

このような最近のイスラエル市民の対アラブ恐怖心を全く飾らずに告白しているものとして、ユダヤ教司祭の演説を見ておきたい。それは国民レベルでの広い感覚の反映であると理解されている。つまり、司祭とはそのような立場にあるのだろう。

初めに見るのは、「ユダヤ教司祭がイスラエルの最後は近いと予想する」というタイトルの動画である。ヘブライ語での話をアラビア語のスーパーで訳してある。日付は二〇一二年九月二十日とあり、画面背景にはエジプトの解放（タハリール）広場に溢れんばかりの市民が集合した、「アラブの春」の際のシーンが映されて、アラブの数の力が目で見て分かりやすくなっている。その話の内容は、対アラブ恐怖心の典型とも見られるので、ここに少し詳しく記そう。

（冒頭の画面上の文言）アラブ情勢の変化により、イスラエル指導部はその将来への不安と恐怖に襲われている、そしてパレスチナへのアラブの行進の足音が聞こえる。

（以下は司祭の話）われわれの首を絞める綱は強くなるばかりだ。近隣諸国は独裁制を止めて、民主化しようとしているみたいだが、本当の改善はないと思うべきだ。……彼らはわれわれの土地を振動させるのであり、彼らの革命は遠いところの騒ぎと思うべきではない。それは間違いで大問題となる。なぜなら、彼ら（全アラブ）はわれわれを取り巻いているが、その数は五億人であり、カイロの革命広場には二百万人が集結するのだ。われわれの軍隊には数十万人しかいないし、その突進に対しては、とても歯が立たないことは明白だ。彼らが徒歩ででも行進すると決めたならば、それは西岸からもそれ以外からも、イスラエルに死を、と叫んでやってくるだろう。イスラエルの軍隊も国民も、犠牲者の山を築くことになる。しかしこれは、ほんの始まりに過ぎないのだ。

これは誰ということもなく、ひと昔からよく言われた、イスラエルが海に追放されるシナリオである。その根拠は、簡単に言えば四面楚歌の場面に圧倒されたということである。そしてこの司祭の氏名は言及されていないが、ほぼ同様の発言をする十数名の司祭も続けて氏名なしで掲載されているのは、彼らの言葉がそれほど平均的で、広く聞かれる声だからであろう。[*]

ところが最近の周辺のアラブ諸国における混乱ぶりを背景にして、今度は反対に、イスラエルはもう恐れていないという趣旨の発言も出るようになった。何か従来の恐怖心を裏書きしている様子であり、それは強がりのようにも聞こえる。二〇一六年二月十日、アファー・ベン・シャムウーン司祭は次のように述べた。

救世主の出現は近い。エジプトではムバーラクとシーシーの二人が統治している。そしてまだまだ混乱と危険な状態が続いている。アラブ諸国はどこも治安が悪い。それと比較してイスラエルは最高に安全だ。周辺に脅威はなく、今までのような恐怖心ももうない。最悪は湾岸戦争の時に受けたロケット攻撃だったが、あの時は本当に恐れた。この五年間でイスラエルの安全は強化され、それは周辺のアラブ諸国が嫉妬するくらいである。[**]

一方、ユダヤ教らしく予言が頻繁に行なわれ、イスラエルの崩壊の年として、二〇二二年、二三年、あるいは二七年といった年号が飛びかっている。こういった状況は、「イスラエルの最後」、あるいは「イスラエルの崩壊」といった題名で、欧米のインターネット配信でも十分に情報は検索可能である。

最後に見るのは、著名なジャジーラ・テレビの「国境なしで」というアラビア語番組で、二〇一四年九月十八日に放映されたものである。五十分に渉る長いインタビューであるが、話者はこれまたよく知られたユダヤ教司祭のデービッド・ワイスである（一九二七年生まれ、彼の英語発言を放映時にはアラビア語に同時通訳）。彼の主張点は、イスラエルという国はユダヤ律法に反しているので、そもそも存在してはならなかったということである。「二〇〇四年のガザ地区攻撃後に、律法の概念によるイスラエルの瓦解について話す」という題名で行なわれた彼の話の要点を記そう。

ユダヤ教の基本は、殺すな、盗むなといった諸原則で示されるが、イスラエルという国はその始めから罪を犯した。ユダヤ人がパレスチナの地に戻るのは、礼拝のためであり、武力を行使しないものだ。ウガンダや南米に行かなかった理由は、パレスチナであればキリスト教の支援が期待できたからだ。暴力の行使はその伝統にはなく、パレスチナの人々に権利があるのだ。

* https://www.youtube.com/watch?v=RLT82Hqplbs 二〇一六年二月十一日検索。他には、https://www.youtube.com/watch?v=9MnrC0J5Yic https://www.youtube.com/watch?v=eKUmItJKCzQhttps://www.youtube.com/watch?v=1W_A0ls13D4 など

** www.newsbookra.com 二〇一六年二月十一日検索

パレスチナの地において正統性があるのは、パレスチナ人なのである。自分は毎日、和平とイスラエルの崩壊を祈っている。

かつてはイエメンであれ、イラクやシリアであれ、中東のどこでもユダヤ人は平穏に暮らしていた。何も人権宣言など必要ないのだ。多くの人が元いた国々へ帰還するであろう。オランダにある国際法の裁判所や国連諸機関でもわれわれ司祭は、正しい律法の理解と概念により主張を繰り返してきている。人によっては、二〇二二年には崩壊するというが、別にその年に関して格別の兆候があるというわけではない。しかしイスラエルが崩れ去ることは、自然であり律法に則ったことである。*

これはユダヤ教の中でも硬派で知られる見解であるが、対アラブの恐怖心をはるかに通りすぎて、イスラエルの解体を主張するものである。建国の苦労を知らない若い世代にとっては、ますますどうしてアラブの脅威にさらされなければならないのか、当然疑問の湧いてくるところであろう。建国の基盤を揺るがすようなこの主張は、驚くべきその内容にもかかわらず、世界的にも広く喧伝されていることにわれわれは逆に驚かされるのである。

・国防の決め手がないこと

イスラエルの国防上の深刻な課題は、防衛のための決め手がないということである。四方をアラブの敵対諸国に囲まれて、また敵愾心むき出しの反ユダヤ勢力と国内外で対立しているのだ。決め手がない一番の理由は、核兵器がそのためには使用できないということである。国土が狭くて、攻め込む相手勢力を攻撃するとなると、自国への被害も甚大なものとなるのである。

他方イスラエルは建国以来、核開発には片時も手を抜かず、一九六六年には開発したとされる。当初よりフランスの技術協力と情報提供によりほとんど実験をしないでもすんだと考えられるのだ。ネゲブ砂漠核研究センターがその中心となってきたが、小規模実験は大西洋沖などで実施したと伝えられた。

また米国のヒラリー・クリントン国務長官が在任中に私用メールで流した情報の中には、イスラエルの核保有を認める米国防省の情報も混在していたと米国紙は報じている。こうしてイスラエルの核保有は広く確信されるところとなっているのである。

スウェーデンの国際平和研究所の世界の軍事力分析はそのレベルの高さと情報の正確さで知られているが、それによるとイスラエルの核保有数は合計八十発とされている。五十発は中距離ミサイル搭載で、残る三十発は航空機による移動が可能である。

現在は原爆から水爆の開発にまでレベルは達していると考えられている。しかし他方では、核拡散防止条約には加盟せず、保有が認められていないということで、インド、パキスタン、北朝鮮と同列に並べられている。

＊ youtub.one/watch/5R39oQaHg78/-2014.html 二〇一六年二月十一日検索

他方イスラエルは中東域内の非核化には熱心で、二〇一五年十月、イスラエルのネタニヤフ首相は国連演説でイランに警告を発して、イスラエルはイランの核開発の監視役となると宣言した。そしてイスラエル自身は、これも当初より自国の核開発については口封じ政策を取り一言も語らない方針を貫いている。ただし米国とは、イスラエルは中東において核兵器に関して、最初の保有国とはならず、また最初の使用国ともならないとの公約を取り交わした由である。

考えるに、核兵器を新たに保有する諸国がそれに期待するのは、強力な抑止力であろう。しかしその抑止力が発揮されるためには、保有の事実が公表される必要があるのは自明である。イスラエルにすれば、核保有宣言により、周辺のアラブ諸国との関係で抑止力を期待できないと考えるのであろうか。

そう考える理由は、アラブの砂漠に撃ち込むようなことでは意味がなく、他方、都市部への核攻撃にしてもその数が一国の首都だけでは足りないのだから、結局全体的には効果をあげることは難しいという事情がある。そこでイスラエルにとっての核兵器の意味合いは、アラブ諸国の総攻撃に対する最後の自爆テロ的な形でしか使用する可能性が残されていないという結論になる。その自爆テロ的な形とは、アラブ諸都市への攻撃とともに、迫り来る敵勢力撃退のための自国内、あるいはきわめて近隣での核使用も辞さないということである。第三次中東戦争に際しては、イスラエルは周辺アラブ諸国に向けて全方位的な核攻撃の準備をしていたともいわれる。

このような最終生き残りのための手段としての核兵器の保有では、自国の存続と自国民の平安を守るという通常の意味での自衛手段とはなりえないということが明らかである。そこにイスラエルが域内の核不拡散について、異常に神経を尖らせる背景があるのだ。それとは全く逆にイスラエルの周辺諸国にとっては、核兵器はイスラエル攻撃のための最終兵器として極めて有効である。この非対称性がキーポイントなのである。

ちなみに湾岸戦争の最中、イラクはイスラエルに対してスカッド・ミサイルを四十発発射した。またサウジアラビアに対しては、イラクは四十五発発射した。同ミサイルはロシア製だが比較的単純な構造で知られ、その複製や改造は容易なことで知られている。中東では第四次戦争で使用され、イランも保有している。イラン・イラク戦争の時には、双方は合わせて七百発ほど互いに使用した経緯がある。

イスラエルは当初より湾岸戦争に参加しない方針を堅持し、むしろ参戦をほのめかすことで米国からの軍事援助を積み増してもらっていた。イラクが核を使用する可能性がなかった一方、イスラエルは米軍による対イラク戦争遂行に委ねることで、安堵の胸をなでおろしていたといえよう。

周辺諸国がイスラエルに向けてミサイルを撃ち込むことは現実問題として生じているが、それに核弾頭が搭載されていない限り、イスラエルは持ちこたえられるということになる。それだけにこ数年来イランの核開発が、イスラエル自身にとって、またイスラエルを擁護する米国にとっても最悪の眼の上のタンコブであったということは言うまでもない。*

③　偶発の恐ろしさ

アラブ・イスラエル間の断末魔の決戦は、中東で想定される最悪のシナリオである。そこで彼我の状況を今一度展望してみよう。

現在、イスラエルにとって危機感が増大しているといえる段階にあるのかどうか。潜在的には危機はいつもあることが大前提としても、軍事的に例えば一九五六年のように、スエズ運河からの国連軍撤退により突如エジプト軍と直接に対決するとか、あるいはアカバ湾を通じる紅海への航路封鎖の恐れといった事態は存在しない。そのような差し迫った軍事的脅威はないといえよう。

あるのは政治的イスラームの潮流や、その頂点としての「イスラーム国」的な過激派グループの最終行動としての自殺的なイスラエル攻撃の恐れである。それとユダヤ教司祭のいうイスラエルを目指しての「アラブの大行進」であるが、これは大規模であるだけに当面現実的でないと見て差し支えないだろう。さらに究極の恐怖としては、イランを含む周辺諸国における核開発であるが、イランの問題は当面一応関係国合意により解消されようとしている。

客観的な情勢は以上のように風雲急を告げるとは見られない。しかし現地の当事者感覚はそれほど安穏としたものではないようだ。イスラエル側は過激なイスラーム勢力の反イスラエル発言に対して、過敏な反応を示すという悪循環のジェット気流に巻き込まれがちだ。もちろん四面楚歌である状況は以前から変わりないが、極端な逼迫感や瀬戸際感をイスラエルが持つ場合には、窮鼠猫を噛むといった状況になる恐れがある。現在の第二次ネタニヤフ政権はますます右傾化を進めており、アラブ系住民との亀裂を深めている。他方彼の強硬な諸措置は、国民の脅威認識に対応するものであるとして正当化するのは難しくない状況である。

そのような感情の高まりだけが開戦の引き金を直ちに引くことになるほど、事態は短絡的でないのは当然だ。しかし二度の中東戦争には、イスラエルの恐怖心が大きく働いたことをわれわれはすでに確認した。あるいは少々大きな話になるが、かつてソ連邦が崩壊した直接の原因は、レーガン大統領の推進した宇宙からソ連邦を攻撃するという戦略防衛構想（スター・ウォーズＳＤＩ）にソ連軍幹部が度肝を抜かれたためであったことを想起しておこう。恐怖心は人が持つ生存本能を直撃するものである。

他方、アラブの方は緊張感を高めるために内憂外患を煽るという古典的な手法として、パレスチナ問題を持ち出すことが今までにも幾度も繰り返されてきた。卑近な実例としては、シリアのアサド大統領はその延命策としてイランの意向も受けつつ、レバノンのヒズボラと共にそういった手段に訴える可能性も十分ある。その究極型がイスラエル抹殺論である。「イスラーム国」も、反イスラエル感情を利用する可能性は小さくない。そうすると今度は、アラブ・イスラーム側が窮鼠猫を

＊　二〇一七年二月十五日、トランプ米国大統領との共同記者会見でネタニヤフ首相は、中東和平の二条件として以下を強調した。パレスチナ側がイスラエルの国家承認をすること（したがってあらゆるテロ行為の停止）と、ヨルダン川西岸を自国防衛のためにイスラエルの完全な管理下に置くことである。そしてこの二条件は、過去八年間自分の在位中に一切変更していないとした。安全上の懸念が最優先であることを裏書きした結果であった

噛むということになる。また公平に見ても占領地におけるイスラエルの所業は、人道にも悖るものであることも忘れられない。

このような袋小路に追い詰められた事態に対して、本来ならば国際社会はもっと注目してしかるべきだといえる。しかしそうなっていない最大の理由はシリア問題と「イスラーム国」問題が急を告げているからである。

こうしてアラブ・イスラエルの双方において、国際社会の主要課題であるはずなのに、主流から暫く外れると共に、不測の事態を招く緊張感が相変わらず支配しているということになる。この緊張感がいつ、どのようにして破綻を招くことになるのかというのが、われわれの設問である。その可能性は右に見たように、一般状況として差し迫っての論理的必然性はない以上、偶発的なものということになる。

それは要するに、双方の誤解や思い込みによる拙速な判断と決定である。同時に大きな宗教的歴史的な潮流として、イスラエルとの戦闘を是認する物語がアラブ・イスラームの背後にあることも明らかである。それは大忠臣蔵となるのである。そして開戦となるのは、以上のような偶然性と必然性が交錯する瞬間である。

また中東を越えて域外の大国が絡む代理戦争の様相を呈するとすれば、事は容易ではない。一昨年の二〇一五年十一月、ローマ法王がパリの同時多発テロを、「第三次世界大戦の一部だ」とインタビューに答えて、世界を驚かせた。またそれより少し前に中東では、米国国務省とＣＩＡの顧問を兼務するとされるジム・リカルドが「ウクライナやイランは忘れろ、シリアこそは第三次世界大戦の発火点となる」と述べたことが、広域紙（アルハヤート）に大きく報じられていた。[*]

大国間関係においては、一方が口を挟めばそれは同時に他方の介入を誘っていることと同義である。介入は新たな介入を呼ぶというのが鉄則である。再び振り返ると、一九五六年のエジプト・ナセル大統領のスエズ運河国有化に対抗することにより、従来の権益を復活させようというのが、英仏の野望であった。それと合流してイスラエルが同時開戦した直接原因は、潜在的顕在的な対アラブ恐怖心であった。戦闘が始まると、ソ連がまず介入してきた。ブルガーニン外相は欧州勢に対抗するため、第三次世界大戦の恐れを警告しつつ、ソ連からの義勇軍準備を示唆したのであった。

当時のソ連のブルガーニン外相でなくても、多くの人がアラブ・イスラエル関係に端を発して第三次世界大戦を口走ることとなる。中東は世界に張られたその利害関係の網のために、世界の火薬庫となる可能性をいつも秘めているのだ。

＊　www.alhayat.com　二〇一五年十月五日付記事、二〇一六年二月十一日検索

第三次世界大戦の噂

図6

第三次世界大戦を口にする諸例は、本章でも言及したが、今のアラブは大戦を語ることを好んでいるようである。これは末法思想の一断面ということかもしれない。

著者は昨年初め、二度にわたって湾岸諸国に行く機会があった。素晴らしくきれいで快適な機内であり、映画も最近のリリースが揃っていた。そこで早速現在流行りのアラブ映画を見てみたのだが、その一つに「第三次世界大戦」と題したものがあった（図6はポスター）。

ところがエジプト映画らしく、それはお笑いであった。エジプトやアラブの歴史上有名な人物のマネキンが歴史博物館に並べられているのだが、夜になり時刻が過ぎるとそのマネキンが命を吹き込まれて動き始めるという筋書きである。ファラオもいれば、十字軍をやっつけたサラーハ・アルディーン将軍も出てくる。あるいはエジプトで反英抵抗運動の星となった、オラービー大佐も登場する。しかし彼らの間には、別に何も戦闘は起こらずに最初から最後までジョーク続きということである。

映画のレベルとしては問題ありという印象ではあるが、ここでの論点はそれでないのは当然だ。それよりは、そんな内容のものでも、「第三次世界大戦」と命名されたということである。要するにタイトルである大戦の名前がお笑いの対象になっているということだ。何とも悠々としたものであり、中東の未来はそんな中から生まれてくるのだということを知らされた。

第4章

経済観

政治活動と異なり、経済活動を営まない人はいない。また中東での主な産業は、工業ではなく商業が中心であった。このことは、本書冒頭の中東社会の特徴の中で取り上げた。商業中心ということは、さらに広く、その営みに随伴するいろいろの人の行動類型にも影響していることも述べた。右のものを左に移すのが商業ということで、ものつくりのコツコツとした労働や地場産業よりは、欧州の既製品に目が向きやすいといったことがあった。

商業感覚満載のコーラン

時代背景や置かれた社会環境からして、商業感覚一杯にコーランは編まれることとなった。イスラームの始まったメッカは、アラビア半島の東西南北をまたぐ一大商業センターであった。また預言者自身が、貿易商でもあった。

そこでまず端的に、コーランの用語に商業用語が援用されているケースが非常に目立つことが挙げられる。アッラーに対する信者の関係は、信者がアッラーの命に従うという「誓約」なのであるが、それを「契約」という商業用語で比喩表現している場合などは、ざらである。前者は明らかに片務的でしかないが、後者は双務的なことも多いので、アッラーが信者に債務を負ったりすることなどない以上、本来場違いな言葉ということになる。あるいは次のように、商行為を想定した表現も頻出している。

「本当にアッラーの啓典を読誦する者、礼拝の務めを守り、われの授けたものから秘かに、またあらわに施す者は、失敗のない商売を願っているようなもの。」（創造者章三五：二九）

このように「商売」という言葉は、コーランには九回登場する。

「アッラーに良い貸し付けをする者は誰か。かれはそれを倍にされ、（さらに）気前のよい報奨を授けられるだろう。」（鉄章五七：一一）

右のような「貸付け」という言葉は、コーランには十二回登場する。

さらには、「売る」、「買う」という最も基本的な二つの取引用語は、合わせて三十一回登場する。「あなたは見ないか、啓典の一部を与えられた者が、自分に迷誤を購入し、あなたがたをも道から迷わせよう。」（婦人章四：四四）

ここで大事なことは、宗教はえてして経済を俗欲として排斥しがちな関係にあるところを、イスラームではすっかりその守備範囲に取り込んだということだ。それはこの教えの存続性を強化し確保することとなった。また商業用語の使用によって、当時の多くの人の心を捉えられたということである。それが理解しやすいし、また説得しやすかったということだ。

一方、蓄財そのものが篤信であり善行であるといったところまでは行っていないことも留意しておきたい。ユダヤ教やモルモン教とは異なる点だ。蓄財に励むとすれば、それはいずれアッラーにお返しするためであり、慈善活動や寄付行為に支出するためである。一切の曇りやためらいはない。こうして商業における様々な行動規範は、イスラームによって改められ、あるいは新規に教化されることとなった。次にそのようなイスラームにおける経済的な価値観を見よう。

イスラーム経済の価値観

当然の前提となるが、イスラームにより何であれ人の示す言動がアッラーとの関係という枠組みに入れられることとなった。したがって具体的な経済行為が従来と同じであるとしても、その位置づけは新たなものになっているということだ。

例えば貧者に対する寄付も、イスラームでは喜捨と呼ばれて、その行為は本来アッラーに属している資財を感謝しつつ返却する行為であり、それを受け取った人はアッラーに感謝するということになる。それが右に見たコーランの引用にある、「失敗のない商売をする」という意味である。

このように一旦イスラームの価値の網に覆われると、あらゆる価値の転換や変質を迫られるのは当然だ。そこには、誠実さ、感謝、忍耐、慈悲などなどの、倫理道徳上の徳目も重なってくる。そして終局的には、どれをとっても元の姿はとどめない、要するにイスラーム化されたということになる。

以下ではそのようにイスラーム化された類いではなく、いわば当初より純粋にイスラーム的な経済価値観として強調されるものを列挙しておく。

・相互扶助（タカーフル）――互いに命ある者は助け合うということに尽きるが、この命題が中東でも保険事業が開始される契機を提供した。それまでは、将来の不確かな出来事について、金銭を預託すること自体が、不確実性を嫌うイスラームの経済感覚に合わないとして、許されなかったのだ。

・福祉（ハイリーヤ）――これは無償供与ないしは寄付行為であるが、慈善事業の源としてイスラーム金融では、「善良な貸し付け（カルド・ハサン）」として理論上の地位も得た。

・公平さ（アドル）――公平さは形式的な平等ではなくて、あるべきバランスが保たれている公正さでもある。天秤の計量でごまかしは禁じる、といった表現でしきりにコーランに出てくるものである。互いに妥当な利益と負担を負うべきで、一方にそれが傾くことはアッラーの目にかなわないとされる。

またこの観念から、公共財への寄付などが奨励されて社会的にも高く評価されることにもなる。それは富の自発的な再配分であり、公平さの維持、回復になるからだ。

生涯をかけて築いた巨万の富を、すべてモスク建造に充てるのは、ただ名誉であるのみならず、アッラーの目から見ても、消失することのない喜捨であるとされる。だからあれほどの数のモスクが立ち並ぶ風景となるのである。

・不確実さ（ガラル）の回避――先物取引や株取引など、射幸性が高く不安定なものが不確実な取引に該当する。しかし大規模な投資事業など、しっかりした計画があれば可能とされるなど、実際には具体的な内容次第という面もある。イスラームにおける経済の原像としては、元来、物々交換的なイメージがあったと思われるが、これも現代経済の波にもまれつつある原則である。

利子や賭け事禁止の思想

以上のような諸価値を総合して、いよいよ有名な利子（リバー）の禁止という問題に入る。ちなみにコーランでは、禁止の理由が明確には示されていない。それは飲酒の禁止や豚肉の禁止と同じ現象である。アッラーの命令だからくどい説明は不要ということだが、後日になって人間が知りたがっているという次第である。したがって説明の仕方も論者によって少々異なるが、概要は以下の通りである。

・不労所得――当時はユダヤ人の高利貸しもたくさんいたし、彼らの行状も不評であったのは欧州でも同様なのであろう。しかし実際は、高利貸しにしても相当苦心し、労働しなければ儲からないのは同じはずではある。

・不公平さ――多くの場合、事業が失敗すると損害はその事業者だけがこうむり、出資者は元本保証なので被害を受けない。これは不公平だとするのだ。

・所有権――私有財産ではあっても、それを所有する根拠は自らが使用するということである。なぜならば、本来の所有者はアッラーだからである。しかし資財を他人に貸与し、自ら使うこともない形で運用するのは許されないとする。逆に言えば、無償貸与は可能なのである。

・非等価交換――商品と代価のように、等価交換でなければ不当であるとみなすのである。何が等価かは当人同士が決める話ではあるが、資金であればそれは数字で示されるので、利子は禁止されるということになる。

ところで利子という言葉はコーランには八回登場する。その特徴は、例えば飲酒の禁止は五段階ほどに分けられて、自己抑制から徐々に進んで最後に禁止となるが、利子の場合は猶予がなく初めから禁止である。

「アッラーは、利子（への恩恵）を消滅し、施しには（恩恵を）増加して下される。」（雌牛章二：二七六）

次に賭け事もほぼ同様な論理構成である。不確実性、不公平さなどに加えて、賭け事に夢中になるばかりに礼拝を忘れることや、他人の損害で自分が得をすることは社会的な公正さに欠けるからとも解釈されている。したがって宝くじなども他人の資金を独り占めする原理である以上、賭け事と同列に置かれるのである。

ちなみに利子の禁止は取る方だけではなく、知っていながら取られるのも許されない。だから高利貸から借金をすることは許されない。そうなると銀行からの融資も受けられないし、たとえ銀行では無利子だと仮定しても、その銀行は中央銀行に利子（日本銀行だと公定歩合）を払って融資されているだろうから、その資金も不浄であるということになってしまう。つまり完全に資金の流動性が阻止されてしまう原理である。

しかしこれでは現代の国際経済では太刀打ちできないし、気が付けばじり貧の自分を見出すことになる。そこで何とか工夫できないか、という強い需要が経済力の増大と共に自然に出てきた。そして、イスラーム金融を巡るイスラーム経済学の発達が時代の要請となった。

イスラーム経済学と新金融制度

中東のいずれの諸国でも、十九世紀以来、欧米諸国の経済の波にもてあそばれる状態が、二十世紀半ばまで続いていた。しかし独立も達成し、国力もつき始めるころより知的な生産力も向上しはじめたといえよう。そしてついには新たな金融制度を考案し、それがこの四十年ほどの間に、世界資産の五～六パーセントを扱う規模に急成長したのである。数字としては、一九七〇年代の石油資金の急激な膨張という発展があったことは間違いない。同時に見落とせないのは、イスラーム経済の価値観が広く浸透し、欧米資本主義制度が圧倒する中でもそれが維持されてきていたということだ。この背景があったからこそ、新制度としてのイスラーム金融が急速に伸長する結果となった。

イスラーム経済学とイスラーム金融の発展

第二次大戦の終わる頃、まずはパキスタンという中東イスラーム圏では周辺地域からイスラームに則った経済運営についての提案が見られるようになった。いまだアラブ諸国は独立以前という国々が大半であったことのほか、パキスタンという英語文化に親しみやすい環境が研究の進展とともにその成果を英語で発表することを可能にした。その先陣を切ったのは、利子の禁止とパートナーシップによる金融を提唱した英文の著作であった。*

さらには、出資者と事業者が損益分配で金融をする新たな方式を提唱した著作も出された。これも英文であり、同じくパキスタンから出された[**]。

これとは別途、イスラーム適合の金融制度が巡礼というイスラームの儀礼のために実施され始めた。それを初めに行ったのは、マレーシアであった。同国では、一九六二年より巡礼基金が始められ、マラヤ・ムスリム巡礼貯金公社が設立されて一九六九年に政府巡礼基金となった。また一九六三年、エジプトでは損益分配型のミットガムル貯蓄銀行が設立された。

こういったイスラーム金融の開拓期の時代から、次はイスラーム銀行設立と業務展開の時代に移った。無利子銀行も提案された[***]。

当初、イスラーム銀行は規模も小さかった。業務展開に必要な情報、経験、預金者の理解など、何ら有利な条件がなかった。しかし小規模ながら人気は高まった。というのは、それまで通常の銀行に預けると利子がついてしまうのを嫌って、自宅にタンス預金をしていた人たちが喜んだからだ。このように資金流通が始められたという意義は大きかった。

次いで一九七〇年代に入り、イスラーム銀行が雨後の竹の子のように誕生する一大成長期を迎える。それは「一国一イスラーム銀行」といった発想で進められた。その最大の背景は、産油諸国における膨大な資産蓄積であった。一九七一年と一九七九年の二度にわたる石油危機は、まだ人の記憶に新しいものがあるだろう。有り余る貯蓄を有効活用するとともに、それをイスラームの原則にもかなった方式にしたいという強い要望が銀行推進の原動力となった。

一九七五年に、ドバイ・イスラーム銀行が設立され、これが本格的なイスラーム銀行では世界初となった。次いでは、一九七七年、クウェート・ファイナンス・ハウス（ＫＦＨ）が出来た。また一九七九年、エジプトのミスル銀行のイスラミック・ウィンドウ部門が開設され、商業レベルでは初めてとなった。

サウジアラビアについては、まず一九五二年、サウジアラビア通貨庁（ＳＡＭＡ）が開業されたが、それは中央銀行とは呼ばれないこととなった。「中央銀行」では従来の非イスラームのイメージが残るからだ。そして一九七七年、ファイサル・イスラーム銀行が設立され、同時にエジプト、クウェート、スーダンでも店舗開設、また一九七八年にヨルダン、一九七九年にバハレーンへと拡大した。一方一九七五年、在ジェッダのイスラーム開発銀行（ＩＤＢ）が開業、公的な機関としては初めてであった。そんな中、世界最大の原油生産国の中央金融機関であるサウジアラビア通貨庁の研究家であり専門家が、イスラーム金融における公正さを強調した著作を出した。それはサウジアラビアにおけるイスラーム金融推進の象徴的な転換点であったと評価された[****]。

一九七〇年代には、諸機関調整のシステムも構築され、一九七七年、国際イスラーム銀行協会

＊　A.I. Qureshi, *Islam and the Theory of Interest*, Lahore: Muhammad Asharaf, 1945.
＊＊　M.Uzair, *An Outline of Interestless Banking*, Karachi/Dacca: Raihan Publications, 1955.
＊＊＊　M.N.Siddiqi., *Banking without Interest*, Leicester: Islamic Foundation, 1983.
＊＊＊＊　M.U. Chapra, *Towards a Just Monetary System: A Discussion of Money, Banking, and Monetary Policy in the Light of Islamic Teachings*, Leicester: Islamic Foundation, 1985.

（ＩＡＩＢ）が発足した。このようなイスラーム金融サービスの国際的な調整や基準策定の努力も継続された。一九九一年、イスラーム金融機関会計監査機構（ＡＡＯＩＦＩ）が、バハレーンに置かれ、二〇〇二年、イスラーム金融サービス委員会（ＩＦＳＢ）がマレーシアに置かれた。また金融のための人材育成コースとして、二〇〇六年、イスラーム金融人材センター（ＩＮＣＥＩＦ）が、マレーシアに開設された。

一九八〇年代はイスラーム金融の新商品が開発されたが、まだ十分には活用されなかった。一九九〇年代に入りイスラーム銀行に次いで発達したのが、イスラーム保険業であった。保険は将来の不確実性に欠けるという点で、イスラーム経済の一端としての運営上大きなイスラーム法上の問題を抱えていた。しかし実際の必要性が、損益共同の発想によってこの障害を乗り越えさせたといえよう。

一つの必要性は、何らかの保険は生活維持に必要であるということだ。当初イスラーム保険業は、スーダンで進捗した。次の必要性は、貿易にしろ、巨大プロジェクトの推進にしろ、万が一の備えが必要だということだ。こちらは大規模なものとなるが、マレーシアでは政府が奨励策を取って推進された。

最近の進展で注目を集めたのは、イスラーム債券の提唱とその発行である。スクークとよばれるが、債券売却で集めた資金が運用され、その収益が配当金として分配される仕組みを作ったのだ。一九八八年にはイスラーム法審査をパスして、二〇〇〇年にはマレーシアで、翌年二〇〇一年にはバハレーンで着手された。そして二〇〇六年以降は、湾岸諸国における発行額が飛躍的に増大した。実施に当たってはこれら一つ一つのケースについて、各国に設けられたイスラーム法審査委員会が、厳密にイスラーム法適合性を調査し承認するよう義務付けられるシステムも発達することとなった。

二十一世紀に入って大きく変わったのは、欧米においてイスラーム金融を扱うケースが増えたということである。その背景は活発なイスラーム経済学の発達と、実際のイスラーム金融の実績の積み上げがある。

すでに一九九六年にはシティ・グループはイスラーム金融子会社を設立、また今世紀に入ってからは、ドイツ銀行でイスラーム金融部門を設けている。その他イスラーム金融の子会社を設立した他の在欧州の銀行の事例も見られる。こうしてイスラーム金融の国際的な認知が進んだといえる。

新制度の概要

以下には新たに考案された種々のイスラーム金融商品の概要を示す。実際はいろいろのものが組み合わされたりして、複雑で多様な姿となっている。概要を見ることで、どのようにイスラームとしての知恵を働かせて、新たな需要に応じようとしているかを確認するのが目的である。

ア．損益分配を原則とする資金調達方法

・損益分配方式（ムダーラバ）は、出資者と事業者間で行なわれる、小口対応の方式。利益は配当として出資者に分配されるが、損失は預けた金額の範囲内で出資者が負担する。その際、事業者は過失や違反がない限り、責任は負わない。投資信託に類似する。

・協業方式（ムシャーラカ）は、損益分配を基本としつつ行なわれる資本集めの方式ではあっても、多数者間で大口取引に活用される。出資者も事業に参画するところが、ムダーラバと異なる。合弁事業に類似する。

・逓減的協業方式（ムシャーラカ・ムタナーキサ）は、銀行出資分を順次売却することで、銀行負担分を低減させ、大型資金調達を可能にする。

イ．売買契約を用いる資金提供

・代理購入方式（ムラーバハ）は、自動車購入、住宅ローンなどのために用いられ、銀行が一旦は購入して、最終消費者に転売する方式を取る。イスラーム金融の個人融資では、この方式が八～九割を占める。二重に売買契約が締結されることとなる。銀行が転売する時に、ある程度上乗せした価格とすることで、利益を確保する。

・製作依頼方式（イスティスナーウ）は、銀行が買主と予め詳細に合意したショッピングリストを作成し、銀行はそれにしたがって発注し先払いする。そして製品が出来上がる毎に、それを発注者に手渡し、その際に上乗せした価格で利益を確保する。これは最近の大型資源開発プロジェクトでも利用される。

・賃貸方式（イジャーラ）は、銀行が購入した製品を貸手として借手に賃貸する。いわゆるファイナンス・リリースの部類である、契約終了後その製品の所有権が借手に移転するような形のもの（イジャーラ・イクティナーウ）もある。

・引き渡し方式（サラム）は、製品製作に先立ち全額前払いするが、銀行が介在して資金を提供する。農産物のように引渡しが一度で終わる製品の取引に活用される。

ウ．証券発行などの新方式

・イスラーム債券（スクーク）は、社債とは異なり、出資者はプロジェクトの一部の所有者となり、収益を分け与えられる。それが配当になるが、予め定められている利子ではない。有価証券なので、それ自体売買可能である。なおスクークといわれるものにも、いくつかの種類がある。

　引き当て資産となる資産を買い受けた証券発行者がその資産をリースに出す場合は、賃貸スククと呼ばれる。また投資家が事業の当事者となる格好の、協業スクークといわれるものなどもある。さらには、株式で償還されるハイブリッド型も湾岸諸国での大型融資に利用されている。

・保険業（タカーフル）は、相互扶助の精神を持って開業されることとなった。契約者は一般口座と特別口座の二種の口座を開き、保険金支払いを原資とする保険資金運用による利益は両口座に分割して振り込まれる。そして期間中に保険金支払いが生じなければ一般口座の残額を受け取るが、事故などがあった場合には、特別口座から喜捨（ザカート）として支払われることになる。ただし契約書には運用益の一定割合を契約者に支払う約束をするが、保険金や配当についての言及は一切ない。

伝統からの脱皮とイスラーム金融の意義

イスラーム以前より、アラビア半島は域内の商取引のセンターとなり活発な往来が見られた。そのための商慣行も樹立され、その諸制度や考え方がイスラームにも影響した。出資者が事業当事者として損益を分配するシステムは、当時シリア方面との貿易でも活用された経緯があった。それに加えて、イスラームの興隆により公平さ、相互扶助などの倫理道徳上の要素も加えられることとなった。こういった伝統的な制度や慣習がイスラーム金融の素地となると共に、いくつかの克服すべき障害にもなっていた。以下は、それら乗り越えられてきたイスラーム経済の伝統的な諸側面について、特徴的なものを列挙しておく。

伝統からの脱皮

・ワクフ制度の抑止

初めにワクフと呼ばれる資産使途指定寄付制度について記す。これは日本であれば信託基金に類似する。ただし原則、無税で永久に存続させられることとなる点が異なっている。モスクのような大規模な宗教施設などを建造する資金として、ワクフ指定がされるのだ。そうするとその資金はもとより、その事業運営から生じる利益も将来的にその事業推進のためにしか使用できないという禁則がかかることとなる。そのかわりそのモスクの職員などの給与支払いも保証されることとなる。

このワクフ制度はいくつかのイスラーム諸国でいまだに尊重され、そのための省庁を設けている国もあるが、大半は昔日のものとなった。

しかしワクフ制度は悪用されると相続税回避の手段にもなるし、またワクフ指定の土地が広大なものとなり、租税徴収の妨げとなり国家歳入を圧迫することにもなった。また固定的な人材配置は適材適所の人事を妨げ、それらが変化の激しい近代社会とは歯車が合わずに変革の抵抗勢力の役割を担うこととともなった。

・共同事業組合から法人制度へ

イスラーム経済では活動主体としては、個人の他に組合組織を認めていた。それは会社法人ではない。イスラームの下では架空の法人格は認められない。なぜならばイスラーム法の法的効果は最後の日の審判における裁きにあるとするので、したがって法的な責任者は自然人でなければならないとされる。この意味で、法人格制度の導入自体、中東では大きな概念的価値的な飛躍の賜物であったということを特記すべきだ。

これらの組合組織には、いろいろの種類があった。こういった組合組織が現代のイスラーム金融を考案する際に、大きな知恵と発想の源泉となった。この組合はシャリカと呼ばれた。この用語は現代アラビア語では、会社と訳される言葉だ。法学派により異なった分類がなされたが、一応以下のような五種類が上げられる。いずれも利益は合意された比率で分配される点は共通だ。*

①共同組合（シャリカ・イナーン）互いに代理人となる合弁事業
②匿名組合（ムダーラバ）出資者と労役者に分化する合弁事業
③顔役組合（シャリカ・ウジューフ）相互に連帯保証人となってする合弁事業
④肉体労働組合（シャリカ・アブダーン）二人で請け負う方式
⑤委任組合（シャリカ・タウキール）他方に全面委任する方式

・政策的取り組みの緩慢さ

イスラーム金融に至るには、もう一つ大きな問題として中東の経済感覚の問題を無視できない。それは社会慣行としての問題であるが、現代的な経済政策の感覚は一般に希薄か、ないしは皆無であったといえる。一国の産業を興して、国富を増して生活改善を図るといった政策目標を持って、共同作業に当たるとの国家的な意識が育たなかったということである。

近代化に比較的早く取り掛かったエジプトにおいても政策議論が始められたのは、一九三〇年代、世界大恐慌のあおりを食って大不況に陥ってからであった。綿花輸出のみというエジプトのモノカルチャーな対外経済は欧米経済の出店のようなものであった。それは植民地主義のもたらした典型的な経済体制であったといえよう。

なお本書の序章で述べたが、こういったところにも、覚醒に時間を要している緩慢さが目立つ。政治面でもそうだが、多くの場合それら天下国家の問題は、人の手が及ばない自然現象または神の支配される事柄だといった受け止め方が、従来は一般的であった。こういった社会全般の動向が人間の手で政策として動かせるものだとの認識や感覚は、政治面では二〇一一年以来の「アラブの春」の大きな収穫だという点についていては、前の章「政治観」の初めに取り上げた。

・イスラーム法学者の役割

さらにある意味で伝統的ともいえる事象は、イスラーム法学者の役割である。もちろんコーランと預言者伝承などを法源として法学体系を編纂し、教授し、司法の場で実践するという当然の任務は果たしていた。同時に彼らは、長い歴史の中でいわば社会の潤滑油のような役割も担っていた。

それは現実とイスラーム法の乖離を解消するために、解決策を考案するということである。アラビア語でそのような妙策は、知恵（ヒーラ）と呼ばれていた。例えば中世以来、二重売買契約が横行したが、それは利子を回避する方策であった。一つの売買契約で価格が十円とすれば、それの買い戻し契約では価格を十五円とすることで、実質五円の利子払いをしていることになる。

法律を変えないで社会が変化すれば、その間のギャップをどうして埋めるかということには、あまり選択の余地は残されていない。「知恵」はこうした社会経済的必然の結果であった。しかしいわゆる近代化によりイスラーム法のような神定法ではなく、人定法である実定法が施行されるようになってからは、伝統的なイスラーム法学者たちの役割も大きな変化を余儀なくされた。

＊　中田考『イスラーム私法・公法概説財産法編』（日本サウディアラビア協会、二〇〇七年）

実定法に則る弁護士や裁判官の登場である。それはイスラーム法学者たちが果たしていた、小さな地域社会の中での細かな法的社会的、そして場合によっては道徳的な潤滑油の任務を奪うこととなった。同時にそれは、社会の紐帯を切断することにもなった。イスラーム法学者の社会文化的な役割喪失が社会的な分断を導き、混迷の一因となっているとの指摘もされる。

イスラーム金融の意義

イスラーム銀行が発足した当時の預金額は限られてはいたが、それでも従来は家庭のタンス預金で利子を逃れていたものを、資金の流通過程に乗せる役割を果たした。それが基盤となって、その後の石油ブームで一気に膨れ上がった巨大な規模の取引を可能とした。世界金融市場への登場であり、巨大な海外投資を引き入れる役割も果たすことが出来た。

そして今や世界で三百を越えるイスラーム金融機関が六十五以上の国に存在し、資産規模は世界の五～六パーセント、約七千五百億ドルに上るとされる。またイスラーム金融は、世界通貨基金IMFや世界銀行などで認められている。またイスラーム諸国の大学レベルの経済学の授業は、その三割程度がイスラーム経済学で、残りは一般経済学を履修するとなっているようだ。

今後の課題としては、イスラーム法適用の基準の更なる明確化、迅速化と簡素化、商業銀行よりも大きな利益を確保する手立て、低所得者層への支援策の強化を医療、教育、住宅、中小企業などの分野で実現することなど、少なくはない。だがイスラーム金融はこれからも研究され、新たな商品が開発されるであろう。またそれは蓄積される中東の資金が埋蔵化されないためにも、その意味で世界経済のためにも好ましいと思われる。

また日本経済にとっても将来の大きな可能性を秘めている点も忘れられない。東南アジアに進出した日本企業が実施した実績はあるものの、日本国内での受け入れは法的には整備されているが、まだ実績は報告されていない。

中東における世界観の問題という観点からは、この分野は伝統的なイスラームのあり方を刷新して、その活動が現代社会の中で新たな適応能力を発揮している好例としての意義は大きい。この新規開発によって、イスラーム諸国の経済に新しい光が射すようになったといっても過言ではない。しかし具体的にどのような分野で、どの程度の貢献をするかは、まだまだこれからの問題である。非イスラーム圏との広義の融和と協調の流れの中で、今後とも大きな前進が見られることが期待されている。*

* 吉田悦章「金融先進国のイスラーム金融」、福田安志編『イスラーム金融のグローバル化と各国の対応』調査研究報告書（アジア経済研究所、二〇〇九年）

column

中東の水取り合戦

二十一世紀は石油よりは、水の時代ともいわれているくらいだ。そうでなくても中東地域は全般に乾燥地帯であるが、それはすさまじいレベルである。日本の年間降雨量はほぼ千七百ミリであるのに比べて、中東地域の平均では約百四十ミリであり、これがアラビア半島だけだと八十五ミリ、そして北アフリカ地域では九十五ミリとなっている。

このようにそもそも降雨量が少ない問題に加えて、人口増加は水需要を急増させている。また水源から下流地帯にかけて、多数の国の領土を流れることから来る水の取り合い合戦もいままでよりも表面化している。さらには地下水の適正使用、海水の淡水化問題、また特にイラクでは長期間にわたる戦争を通じて、その間に使用された化学兵器による河川水汚染問題も起きている。

エジプトとスーダン間では、幾度となくナイル川水資源利用の合意がなされてきている。またそれはエジプトのスーダンに対する弱点ともなっている。しかしこれなどはまだ協議の場があるだけましな方で、いつも熱気に溢れた交渉が報道で伝えられる。

他方ユーフラテス川を巡っては、トルコとシリアの合意がそのままイラク下流では渇水問題になるといった具合に、関係国が増えると問題が複雑化しやすい。全関係諸国の同川への依存度も高いので、深刻化する。さらに化学兵器による汚染問題もあり、イラクはナツメヤシのおいしいところとして知られてきたが、今では安全性が疑問視される所以である。そこでとれる魚も汚染されているのだろうが、特に化学物質被害はあまり報道されていない。

次には、レバノン、シリア沿岸地方やイスラエルにまたがる河川水供給・分配問題もある。それはしばしばイスラエルの強硬策の目的ともなってきたが、そこには協議機関も設置されていない。ただしイスラエルとヨルダンの間では、一九九四年にヨルダン川の地表水の利用権は合意された。

人道的にもっとも悲惨なのは、イスラエルと隣接するガザ地区である。一般に占領地下にあるパレスチナ人の水使用量は、イスラエルの国民の五分の一だとされている。また占領地の地下水の八割はイスラエルが利用している。それがさらにガザ地区では四〇パーセントの土地を人口比〇・六パーセントに過ぎないイスラエル国民が占有し、ガザ住民の井戸を組織的に破壊している。ちなみにそれらの井戸には、日本が技術協力で開削したものも含まれている。

水源やその配分の問題とは別に、中東ではどこでも都市の上水供給と下水処理問題が併存している。この分野でも日本の技術協力がかなり行なわれているものの、パイプ修繕などインフラ管理がしっかりしていないと、それこそ水漏れ一つですべてが台無しになる問題である。*

イラクは注目されがちだが、それはギャップの大きさである。すさまじい戦争をイラン・イラク戦争以来三十年間継続したために、土壌は疲弊し、水供給の水路や浄化施設は劣化し、川の水は汚染され、本来ならば豊かな農業生産を享受できる国土がただの荒野か空き地になっているからである。当然電気供給も道路や港湾施設なども必要だ。どの側面をとっても国内治安低下問題、民族対立問題、宗派抗争問題が底流にあり、その縛りから抜けきれないのである。

例えば水施設の維持改善事業に関しても、いざ現場で従事するのにもクルド人差別の問題から抜け切れず、一番きつい、汚い、気持ち悪い作業は彼らのものとされている。そしてそのほかのスンニ派ムスリムなどは、クルド人を人とも思わぬといった風情で見ているだけで、肝心の技術習得はそっちのけ、という現場を著者は目にしてきた。

最後に押さえたい点は、この水をめぐる諸問題が中東全体のシナリオに与える影響の深刻度である。もちろん各国各様であり、ケース・バイ・ケースであることは以上の概説からも明らかである。一つ共通項として挙げられるのは、政治や軍事上の大きな対立要因がある場合は、その中に水問題が巻き込まれる可能性が大きいということである。イスラエルが本当は水が大きな原因で開戦するかもしれないが、表向きは例えば特定のゲリラ集団への報復といったことを挙げるかもしれない。われわれとしては関係国の表面的な宣言の文言に振り回されることなく、真の原因を把握する必要がいつもあるということになる。

＊　阿部信也『北アフリカ・中東地域における食料農業問題─水資源の現状と気候』(国際連合食料農業機構・中近東地域事務所、二〇一一年)。ただし政争の視点からはあまりない。www.fao.or.jp/media/PresenAug192011Seminar.pdf　に参考文献が多数掲載されている

第5章

文明観

中東の文明観は机上の空論ではなく、過激派の行動にも直接繋がる動的で現実味を帯びたものだ。人々の琴線に触れるアイデンティティの基盤であり、自尊心の原点でもある。欧米への反発心は、裏を返せば自らの文明に対する自負心であり、頂点にいないことへの焦りと屈辱感である。そのような感情混じりの見解に対して、中立的な立場からの理知的な見解も、一条の閃光のように自由主義者によって放たれてきた。*

中東での文明論の流れ

わが国でも文明を論じることが盛んにおこなわれたことがあった。古くは、福沢諭吉の『文明論之概略』は有名である。西欧の文明を論じ、脱亜入欧といってアジアからの卒業と西欧文明への参画、そしてそのため実学を中心として国を興すことを説いたのであった。

また第二次大戦後も再びわが国で、文明論は論壇の花形でもあった。そしてイギリスのアーノルド・トインビー（一八八九―一九七五）の著した『歴史の研究』が長編ながら全訳された。それは歴史を文明の興亡という視点より、叙述したものであった。また最近で広く知られたのは、米国のサミュエル・ハンティントン（一九二七―二〇〇八）の『文明の衝突』であろう。それは資本主義と共産主義の対立から脱却して、今後の国際社会の主要な争点は欧米の文明とイスラーム文明の衝突であるとした。

中東でも文化や文明を論じることは決して低調ではなかった。もちろん主としては、近代西欧に触れるようになってからの現象であり、二十世紀の前半以来である。一九三八年の出版当時好評を

＊　「自由主義」は欧米の政治学でも用法上様々で、定義は不透明だ。中東の場では、イスラーム擁護派であっても原理主義的でない思想的な立場を広く含む。ただし自由主義者のリストなどはテロのブラック・リストにもなるので、誰も作りたがらない。著名な論者として、数十名は挙げられる。Makoto Mizutani, *Liberalism in 20th Century Egyptian Thought*, London, I.B.Tauris, 2014.

博したのは、ターハ・フサイン（一八八九―一九七三）の『エジプトにおける文化の将来』であった。その本の中でエジプト文化はアラブ・イスラームではなく、地中海文化の一端であると位置づけて論じた。広い意味の欧化と脱アラブ・イスラームの潮流を汲むものであった。

文明論としては、東洋の精神主義と西欧の物質主義の対比といった形で取り上げられることも珍しくはなかった。西欧は神否定にまで突き進んで、魂の存在を拒否して物質のみを認める結果となり、それが彼らの文明の衰えの始まりを招いたと主張された。その文脈で中東でもしきりにもてはやされたのが、既出のドイツのオスヴァルト・シュペングラー（一八八〇―一九三六）の『西洋の没落』であった。そこに見られた精神主義はナチズムにも流れ込んだ。

一方、トインビー流に文明の興亡を論じて知られたのは、これも既出のエジプトの碩学アハマド・アミーン（一八八六―一九五四）であった。彼は元来イスラームの歴史が専攻で、実証的な近代史学を導入したとして評価された。『イスラームの暁』、『イスラームの午前』、『イスラームの正午』など、イスラームの歴史を一日の時間帯になぞらえて命名した一連の歴史書を発表した。ただし晩年になり『イスラームの一日』を著した時には、すっかりシュペングラー流に西欧文明の批判とイスラーム文明の擁護論に終始してしまった。

ところがその数年後に著した『東洋と西洋』においては、軌道修正して従来のバランスを復活させた。すなわち、文明は互いに不足する部分を補い合う形で興亡するものだと説いた。どちらが優等でどちらが劣等であるということではなく、それは自然な選手交代であり、栄枯盛衰であると見る。そして二十世紀において、次に興隆すべき文明は精神性をより重んじるものでなければならないとすれば、それは西洋よりも東洋こそが秀でていると結論した。

その後は中東ではアミーンを継承する規模の文明論は、ほとんど見られなくなった。他方彼の文明論を否定する動きもない。要するに我が国と同様に、論壇の関心が他のテーマに移ったためである。その後は、アラブ社会主義であり、あるいはイスラーム原理主義と、それに対抗する論陣を張る自由主義的な論客が続々登壇するのである。*

以下ではまずこのアミーンの新味あふれる文明論を中心に、その内容を展望することとする。彼の息子フサイン・アミーン（一九三二―二〇一四）も父を継承しつつ議論を展開したので、それも適宜参照する。そこでは彼らの持つ、党派的ではなく中立的な姿勢が顕著であった。彼らはいわゆる自由主義者と見なされている。それはいわば理性派といえよう。

ただし中東で現在一般的なのは、むしろシュペングラー風の西洋批判とイスラーム至上論であり、

＊　ハンティントンの『文明の衝突』（*The Clash of Civilizations and the Remaking of World Order*, NY, 1996.）に対する中東の反論は、イスラームはいかに平和的であるかを強調したり、あるいは世界的に見てイスラームは多様であることを提示するにとどまった。多数の国際会議やセミナーを通じても同様だった。米国在住でコロンビア大学の教授だったパレスチナ人エドワード・サイードは、『無知の衝突』（*Clash of Ignorance*, NY, 2001.）で、ハンティントンは文化の相互交流を見ていないし、彼は人種主義者だとして反論した。以上総じて、ハンティントンへの反論としての新たな文明論は中東においてはまとめられなかったということになる

それがイスラーム原理主義とも合流し、さらに過激派の直接行動の原動力の一部ともなっている。なお中東ではこれら二つの潮流のうち、後者が圧倒的に強いことは間違いない。だがそれは前者の見地を消し去るものではなく、自由主義的なより理性的な見解も時に時勢に対応しつつ、またしのぎを削るように、今後も出たり入ったりすることとなるのであろう。

近代エジプトの文明論

議論の概要

父アフマド・アミーンが文明のテーマに関して書き始めたのは、一九三〇年代であったが、その後、一九三九年には、彼の主要な論点となる東洋の精神主義と西洋の物質主義というテーゼが登場する。彼は最後まで、西洋文明そのものを唾棄しようとするのではなく、一九四九年に至っても西洋の科学に基礎付けられつつ文明を構築すべきであると論じていた。

その後、一九五五年、彼の死去直後に出版されたのが、本主題に関する一番包括的なまとめである、『東洋と西洋』という珠玉の書物であった。その中において、彼は一切イスラームという言葉は用いずに、人類社会の目標として精神性に富んだ、「人間的な文明」の建設を唱導したのであった。また同書で大切なことは、東洋と西洋という二分法を乗り越えたという点である。

一方息子のフサインは、ムスリムは自らの混乱と停滞の責任を認めることから始めなければならないと論じた。いつも他人に責めを負わせる傾向は戒めるべきで、昔はタタール人やオスマン・トルコ人を責めて、今は西洋に責めの刃が向けられるようになったとする。また西洋に学ぶことは、その姦計《かんけい》に陥ると考え、従ってイスラームに反しているという人もいるが、問題は宗教の更正とその伝統と遺産の再検討にあると主張し、この過程すべてにイスラームが主要な役割を果たすべきであるとした。

用語の定義

アフマドは文明構築の場として、「世界」を定義している。それは東洋と西洋に分けられるが、地理的な二分法ではないとしたところに興味を惹かれる。

西洋の特徴は、機械化、貿易、民主主義の進歩、固有の文学的芸術的様式——それらは哲学的よりは実際的だが——、相当の自由を享受する婦人への敬意などがある。東洋の特徴は、相互の信頼、全体主義的傾向、商売のしつこさ、限定された婦人の権利、迷信などである。

こうして定義すると、地理的な配慮は無用になる。例えば日本人も西洋人的特徴を獲得したその程度に応じて西洋人であるし、逆にヨーロッパ人も東洋的特徴を身につければそれだけ東洋人であるということである。かくして地理的ではなく、東洋と西洋の質に従っていずれに属するかということが問題になる。そこで西洋文明を語るときも、東洋との対決に至らしめた文明ではなく、西洋文明の質を保有する諸特徴のことをわれわれは語っているのである。……われわれが（諸文明や諸民族を）区別する時は、自然な性向と心の枠組みに拠るのである。*

このような区分の仕方によって、アフマドは、諸文明は互いに学ぶことができるのであり、従って東洋は西洋から習得するのみならず、新たな側面を追加することによりさらに発展させることも可能だと強調する。

次いで「文明」の定義に関しては、『東洋と西洋』の第二章から第十章までのタイトルがその用語の語義の広さと深さを示していると思われる。そこからは、われわれが日本で日常使用している内容と、さほど違いがないことが浮かび上がってくるのである。

その項目は、全体主義と民主主義、教育、東洋の運命対西洋の因果関係、社会生活、個人と家族、婦人、模倣対刷新、東洋と西洋の道徳的価値となっている。

「文明」とは別途、アフマドは「文化」について以下の通り、精神面に限って言及しつつ、定義しているので一応参照しておこう。

文化の枢要な価値は、それがわれわれの物事の見方に影響し、それらのより新しくより真実な評価に資するところにある。そこで一つの宗教がそれ以外の宗教より良いとすれば、それは神や生活の見方に関してどれだけ向上させてくれるかにかかっているし、ある知識が他より良いとすれば、それは高くて正しい見解にどれだけ導いてくれるかということによる。

人の文化程度は、どれだけ読書し、どれだけ科学や文学を知っているかということによるのではない。重要なのは、知識がどれだけその人に対して（素養を）提供するか、ということであり、またその人の世界に関する見識がどれだけ高いか、ということであり、芸術がどれほどその人に優れた繊細さと審美的な感性を与えうるかということである。[**]

西洋近代文明について

こうして「文明」については、相当範囲が確定されたかと思うが、次に西欧近代文明に関するアフマドの見方を見よう。

十九世紀の間、人々は世界の着実な進歩を信奉し、未来に自信を持って考えていた。しかし二十世紀に入るとすべてが変わった。人々はすべてに猜疑心を持って、信仰を失った。科学者はすべての理論を疑って、悲観論が広がった。しかし人々はどうしてそれほど悲観的にならなければならなかったのであろうか。大変な成果も挙げていたのであった。ちょうどそれはギリ

* Ahmad Amin, *Al-Sharq wa al-Gharb*, Cairo, 1955. pp. 8-9.

** Ahmad Amin, 'Qiyam al-Thaqafa', *Al-Risala*, Feb. 19, 1934. *Fayd al-Khatir*, vol. 1, pp. 257-260.

シア神話プリュギアの王ミダスのようなもので、触るものすべてが金に変わるのはよかったが、パンも食べられなくなったのであった。*

次に息子フサインの方に目を転じる。西洋について書き記した二人の人物を彼は取り上げている。一人はウサーマ・ビン・ムンキズ（一〇九五―一一八八）で、彼は対十字軍の司令官であったが、『考慮の書』を著した。もう一人は、近代の歴史家アブド・アッラハマーン・アッジャバルティー（一七五六―一八三五）であり、『驚きの遺産の書』を著した。両者とも西洋に対する敬意は持っているが、前者は寛容と容認の気持ちを持って西洋を下に見ている、しかし後者は、西洋が圧倒的な力を示しながらも、不信者の集まりとしてそれを非難している。その圧倒的勢力ゆえに、ムスリムはそれから学ぶことがあたかも西洋の姦計に陥ると錯覚し、従って信仰に反すると思ってしまうのだ。もしこのような心理的な問題や間違った猜疑心や自信喪失がなければ、今日現在のイスラームは異なっていたであろう。二十世紀に至り西洋が精神主義喪失を含めて、その欠陥と誤りを顕わにし出した頃にそれ以外の世界が西洋から学び始めることとなったということで、歴史の展開は不幸なものであった、と結んでいる。**

以上、父子による文明論を一望した。両者に共通していることは、西洋文明には欠陥部分があるとしていること、特に精神面の欠落を認めているということである。また両者共に願望するのは、イスラームの真正な信仰とその文明の蘇生以外にはないということである。

新たな文明について

西洋文明に対する反発と敵愾心はアフマドによって随時表明されたが、最終的にそれは過激化することはなく、また彼の主要な思想上の特徴にはならなかった。その理由は、彼はいくつかの論考や『東洋と西洋』という著作によって、より一般的で建設的な議論を展開したからであった。そこで以下では、彼の新文明構築に関する議論を、フサインが諸問題解決へ向けて持ち出した諸措置と合わせて検討する。

・アフマドの議論

まずアフマドであるが、西洋文明の成果を認めつつも、新しい文明によって十分に精神主義を取り入れた人間的なものを構築する必要を説くのである。そして精神主義は東洋の方が西洋よりも横溢している以上、新文明開発の責任は東洋にあり、ということになるのである。彼は新文明の要件としては、西洋との対峙は挙げていない。

彼は、次のように『東洋と西洋』で説明している。***

* do. *Al-Sharq wa al-Gharb*, p. 45.

** Husayn Amin, *Al-Mawaqif al-Hadariyya fi al-Naz'a al-Diniyya*, Cairo, 1993. pp.102, 103, 108.

*** Amin, *Al-Sharq wa al-Gharb*, p. 45.

(1) 東洋と西洋の区別は地理的なものではない。
(2) 近代以前の過去の民族や諸国家からも学ぶべき要素はある。
(3) 近代文明が完璧であるとは決して言えない。われわれが望む文明は人間的なものである。それは愛国主義や民族主義に支配されないものである。
(4) 東洋こそが新文明を切り開くべきで、そうすれば世界に裨益する。平和が戦争を代替し、協力が競争に代わり、理解が強制に取って代わるのである。

これからの新文明に期待されるのは人間性であり、それは東洋に西洋よりも充実しているので東洋が推進すべきである。そもそも文明には完璧というものを期待するのではなく、時代の変遷によって従前の文明に足りないところを補充するのが文明変遷の鉄則であると、アフマドは議論をさらに以下のように展開する。

文明というものは、以前のものの利点を継承し、他方で欠点を避けるので、それはいずれ完璧になるものだと考える人が少なくない。……しかしその考え方は、ヨーロッパ文明は以前のものから吸収し欠陥を除去したので、自らのそれが最高だとする幻想の反映でしかない。私見によると、文明は人の前進に対して新たな方向性を与えるだけである。……それぞれの文明は、当該の人たちが必要とするものを供給するのである。*

こうして新たな文明が叫ばれているが、しかしその割にはその実現への具体的な方策については、ほとんど論及されていないのである。次のような言葉が出てくる。

東洋の指導者は西洋文明の良いところを選び、悪いところは拒み、またできれば古代の文明からも得られるものは得るべきだ。こうして格別、東洋でもなければ西洋でもない特徴の文明に到達する。[**]

右に言う指導者については、新しい文明の導きとして卓越した人材でなければならず、天才の登場が大いに期待されている。

近代には天才がいなくなった。昔なら、低いレベルでも通っただろうが、後に色々付け加えられた逸話が益々その天才を祭り上げることにもなった。公平に見れば現代にも多数の才覚ある人たちがいるに違いないが、社会的に発展した今となっては、抜きんでることが難しくなったのだ。ナポレオンであっても、今生きていたのなら偉大ではなかったかもしれない。[***]

*　do. *Al-Sharq wa al-Gharb*, pp. 16-17.

**　do. *Al-Sharq wa al-Gharb*, p. 19.

このように一気に諸問題を解消してくれるような天才や偉人の登場を期待する気持ちは、息子フサインにもしばしば見出される論調である。双方とも理想はあるが、それに至る具体的方策を検討してその結果を提示しなければいけないという衝動があまり働いていないのだ。いずれも天才願望の期待は膨らむが、後は頼んだと言わんばかりである。

アフマドの文明論の特徴として、地理的ではなく、東洋と西洋の特質で区分するという発想がまずあった。そして諸文明は、従前の社会における欠陥を埋めるべく次の文明が生み出されるのであって、従ってその動向はどこまで行っても過ちを免れない人間のする蛇行的な努力であり、ひたすら完璧さが達成可能であるかのように考えて上昇や進歩のみを念頭に置く、進化論的発想ではないのである。

彼の同時代人の論客の多くは、東洋の概念に地理的に固執する中で、アフマドの考え方は人間性追求の独自性があったといえる。またそれは、人間の精神性の蘇生を希求するが、イスラームそのものだけを念頭においているのではなく、より広く人類文明を前提に語ったものでもあった。このようなアフマドの独自で注目されてしかるべき思想の成り行きはどうであったのか？　それはアラブでも西洋でも、一瞬の線香花火のようにかき消されて幕を閉じることとなった。

その原因としては、『東洋と西洋』は一九五五年に出版されたが、それは一九五二年のナセル革命直後であり、エジプトは世を挙げてナセル一色に染まっていた時代であった。彼のアラブ民族主義と少し後のアラブ社会主義が一世を風靡したことは、まだまだ現在でも人々の記憶に新しい。その激しい潮流に、人間的文明の唱導はかき消されたという形容が当たっているであろう。

・フサインの議論

以上のアフマドの議論を受けて、息子フサインが何を主張したのかを見ることとしたい。彼は二つの機会で将来の文明を論じることとなったが、そのいずれにおいても一般論ではなく、イスラーム社会の復興に限って書き進めたのであった。

その第一の機会においてフサインは、真の発展に向けて二つの条件があるとした。一つは発展努力を歴史と伝統に基礎付けるということである。もう一つは、来るべき将来との関連で遺産と伝統を見直す必要を認めるということである。もちろんこれらの努力を通じて、イスラームが重要な役割を果たすとした上で、現在、イスラームを取り巻く状況は、イスラームが生まれた七世紀と酷似していることを指摘する。イスラーム以前のいわゆるジャーヒリーヤ時代に見られた諸条件と似ているものとしては、次のようなものがある。

(1) 世界が小さな村になりつつある現代において、イスラーム社会は世界で孤立することは許されない。

＊＊＊ Ahmad Amin, 'Qilla al-Nubugh fi 'Asrina', *Al-Hilal*, July, 1935. pp. 1022-25.

(2) イスラームの自信と東洋の遺産の復興は必須である。

(3) 篤信振りは日々の言動によって明らかとなる。同様に、われわれの社会がイスラーム化するのは、憲法にどう書かれているかとか、何らかのイスラーム上の法律を制定するからそうなるのではないのだ。そのためには、イスラームの精神を十全に取り入れることによる。

(4) 最も崇高な神の意思を理解する必要があるとは、どういうことかをわれわれは知っている。それは歴史の進展の道のりに則ることであると同時に、信者が帰依するということでもある。*

フサインの第二の機会としては、現世の様々な出来事にどう対処するかを論じる脈絡で、それに言及している。彼が問題とするのは、保守的抵抗勢力が本質を保全しつつも諸価値は変貌し適用させられるものだということを認めたがらないことにあるとする。それどころか現在、大いに緊迫する中で諸問題に対処しようとしているその態度には、これらの諸問題についての包括的な概念も、あるいはそれらについての親密な知識や理解も持っていないとする。

過激派はろくに勉強をしていないとフサインは指摘し、これでは何も達成されないとする。彼は活発で生命力溢れる諸国と一緒になってこそムスリム社会は更生しうるし、イスラームの蘇生が期待できるとした。

そこでこの社会の責務は、意見の交流を通じて望ましい諸目的を掲げること、活気溢れる社会の成長のための宗教的な柔軟な枠組みを提供すること、そしてその構成員に対して共生と交流の機会を用意することである、としたのであった。**

こうしてフサインはムスリム社会とイスラーム自身の復興を論じても、右記以上にはその具体的な方策を示そうとはしなかった。さらにもう一つ注目しておきたいのは、彼の関心の中心にあるのは、ムスリム社会であり東洋でもなければ、ましてや世界全体ではないという点である。しかも彼が注意を払っているのは、新文明の包括的なヴィジョンではなく、イスラーム文明の望ましい姿以上ではないのである。これはアフマドと比べると、はるかに視野の幅が狭められていると言わざるを得ない。

父親の仕事振りを知りながら、なおかつそうであるとすれば、それはなぜか？　このような設問が自然と湧いてくる。それは、エジプトを初めとする過激派が横行した時代が、二十世紀末の風景であった。それはムスリムの良識を逃げ場のない窮地に追い込むものであった。そこから何とか抜け出さねばならないことが、自然に最大の急務となって自由主義者の両肩に重く圧し掛かったといえよう。そのことがイスラーム社会の更生にフサインが集中する羽目となった原因と考えられる。

＊　Husayn Amin, *Dalil al-Muslim al-Hazin*, Cairo, 1983. pp. 171-172.

＊＊　Husayn Amin, *Al-Islam fi 'Alam Mutaghayyir*, Cairo, 1988. pp. 283-286.

イスラーム擁護と西洋拒否

中東という地域は、ほぼ八世紀以降、千年という極めて長い期間にわたって世界をリードする文明を誇っていた。それが十九世紀に入ってからは、植民地化も進み明らかに西欧に遅れていることを知らされたのであった。世界の頂点から谷底へのこれほどの急激な墜落のもたらした激震やショックは、日本では例を見出しにくい。

本節ではまず、イスラーム全盛期に対する誇りと自負心を振り返る。次いで、それを背景にして、どのように西洋文明に反目の感情を抱いているかを見ることとしたい。欧米文化を拒否することは実際には難しいが、そのような感情の底流を確認することが目標である。

愛憎同伴の面もあるが、それ以上にこの底流は、常に反発の火種を抱えているという方が当たっている。またこの流れは、前節に見た自由主義者たちの閃光が一瞬きらめいたものだとすれば、それよりははるかに粘り強い粘着力と持続性を発揮している。

イスラーム文明の最盛期とムスリムの誇り

初めに中東・イスラームの最盛期がどれほどのものであったかを、改めて見直すことにしよう。次の引用はアラブの普通の学生が使用する作文教本などに出てくる一段落である。

アラブ人の科学

有名なアッバース朝のカリフであったハールーン・アルラシード（在位七八六―八〇九年）の時代に、水力仕掛けで毎時鐘の鳴る時計が発明され、フランスの国王シャルルマーニュに贈られた。それを西洋人が見た時、その中に悪魔が隠れている魔法の機械だと考え、フランスに害を及ぼすために贈られてきたのだとして恐れられた。

イブン・ユーヌス・アルマスリー（一〇〇九年没）という科学者が時計の振り子を発明したし、またアラブ人は羅針盤を発明した。西洋人はアラブから、数字、代数学、幾何学、方程式、物理学、化学などを習得した。フィルタリングと空中分解方式で水と油を抽出したのもアラブ人であった。

外科にも秀でており、女性が同性の人たちに外科手術をしていたくらいである。時には男性に混じっていたかもしれない。そして女性たちは、アジアやヨーロッパ、アフリカの大陸を旅していた。

カリフのアルマアムーン（在位八一三―八三三年）の時代には、月食と日食及び惑星は測られて、経緯度は計算され、春分と秋分という日夜が均等になる日も観測された。太陽の周回軌道である黄道帯の長さも算出され、天文学でギリシア人の科学者たちを凌駕していた。アラブには天文台がたくさんあり、たとえばセビリア（注：スペインは当時アラブの版図内）のものは、ヨーロッパで出来た初の天文台であった。そのほかバグダッド、サマルカンド、ダマスカス、それからカイロ近郊のムカッタム丘にも設けられた。

アラブの町々には学校が広まった。八六六年に没したイブン・アルラハマーン・アルナースィルの時代には、アンダルシアのコルドバに八十の学校があった。カイロには二十の学校があった。また約十万冊所蔵する図書館もあった。アンダルシアには約七十の公立図書館と約六十万冊所蔵する（私設の）カリフ用の図書館もあった。アンダルシアを征服後、スペイン人は約百万冊のアラブ人の手になる蔵書を燃やした。

ニザーム・アルムルク宰相（一〇九二年没）はバグダッドの学校に二十万ディナールを支出したし、そのための年間予算として約一・五万ディナールを当てた。学生数はほぼ六千名に上り、貧者は無料で学ぶことが出来た。アラブ人はまたイタリアにおいて、ソルボンヌと呼ばれる学校も設けた。*


中世のアラブ・イスラーム文明の繁栄は、さまざまに描写されうるにしても、右の一文は若者の作文練習に出て来るものであり、それは非常に普及しているという意味で、平均的な現代アラブ人の常識レベルを推し量る材料になると思われる。

この簡略な文章を読んで、われわれとしては、行間にアラブの持っている中世の繁栄に対する誇りの高さと高揚した気分を十分読み取ることができる。特にそれは西欧との対抗意識で貫かれていることも看過できない。

このイスラーム文明の隆盛は、多くのアラビア語の作品がラテン語に翻訳されることで中世ヨーロッパに伝えられ、それがイタリアやフランスで始まったルネサンスの大きな契機となったことはよく知られている。

中世の文明興隆というと、広くはオスマン・トルコ帝国の末期まで含みうるので、それは随分と長い「中世」ということになる。しかもこの最盛期はただオスマン・トルコだけで見られたのではないことは、すでに少し触れた。つまり東はインドのムガール帝国、イランにはサファビー朝があり、そしてそれらの西側にオスマン・トルコが十六世紀以降存続していたのである。各地での巨大建築に象徴されるように、三大帝国の揃い踏みという形で、イスラーム世界が成立したのであった（写真1、2、3）。

サファビー朝の首都イスファハーンは「世界の半分」とまで言われて、その美しさと繁盛ぶりが称賛の的となった。イスタンブールも世界の中心という意識であった。オスマン・トルコは、神聖ローマ帝国治下のウィーンを二度にわたり包囲し攻撃して、真に西欧への脅威となっていた。これほどの勢いを念頭に置くと、十九世紀後半からは急速に西欧に対する劣勢が目立つこととなったのが、いかに屈辱でありショックであったかを想像するに難くない。このような衝撃は、日本の黒船来訪とは比べ物にならない。また彼らの誇りの高さはすなわち固定観念の縛りが強く長引いた原因

* Ahmad al-Hashimi, *Jauhar al-Imla'*, Beirut, Mu'assat al-Ma'arif, 2001. pp. 164-165.

でもあったが、それほどの高い誇りも日本はあずかり知らぬところである。

なおもう一点、彼らが持っている世界史的、広くは宇宙的な誇りと自尊心について補足しておきたい。サウジアラビアのメッカ地方には、世界の初物が揃っていることはすでに述べた。世界初の町はメッカであり、世界初の家がカアバ聖殿であり、世界初の山は近郊のクバイス山であり、人類の祖であるアーダムとイブはメッカに巡礼し、そこで昇天しそこに埋葬されたとされている。

また彼らの揺らぐことのない強烈な自信の究極的な源泉は、宇宙と人類全体の存在を説明し、人に生きがいを与え、未来永劫の楽園である天国への道標を与えてくれるイスラームの教えが、彼ら

写真1　オスマン・トルコ帝国のスレイマーニーヤ・モスク

写真2　サファビー朝（イラン）のシャー・モスク

写真3　ムガール帝国（インド）のタージ・マハール

にアラビア語で啓示されたことにある。事実、その教えゆえにイスラームは世界史に類例を見ない速さと規模で諸大陸制覇を成し遂げ、広く布教に成功を収めたのだ。それはアッラーのご意向であり、その差配の証明である、と彼らは信じて疑わないのである。

それだけにその現実と深い真理の信奉を妨げるものは、何であれ障害であり敵対すべきものとして映ることになる。またそのような彼らの心理構造を了解できることが、アラブ・ムスリムの持つ底流としての反欧米の情念を理解する第一歩となるのである。当然それは人により大小や強弱の差があるし、環境によってもそのあり方は種々に分かれる。底流と呼ぶのは、そのような多様性のあることを前提にしている。

そこで右のような反欧米感情の源泉が了解されたとして、以下にその反発の感覚の内容を大きく三点に整理する。それぞれが長い歴史と深い哲学的な背景を伴っており、容易にはその牙を抜き、あるいは直ちに毒気を除去できないものばかりである。

欧米への反発

・「十字軍」の遺恨

第一の反目の要因は、文字通り歴史上の事件として広く知られる「十字軍」との戦闘である。それは十一世紀末、ローマ法王ユルバノス二世が呼びかけて、欧州諸国から遠征した聖地エルサレム奪還の軍隊であった。といっても当初は農民が主体となる、多数の民兵集団というのが実態だった。

そして最後には、イスラーム軍が十字軍を追放してイスラーム側は勝利した。そのことを思えば、それを恨みとして記憶しているのは、少しお門違いではないかといわねばならない。ということは、アラブ・ムスリムは史実上の戦争の相手としての十字軍ではなく、象徴的にイスラームに敵対する勢力を広く「十字軍」と呼称しているということになる。

このような現象は、欧米における十字軍の捉え方にも見られる。ブッシュ大統領がイラク戦争を始める際に、十字軍にたとえたのが好例である。つまり欧米的な脈絡での正義の戦いを十字軍と呼んだのだ。それだけにその表現はイスラーム側の反発を直ちに引き起こすこととなったし、また同大統領周辺も慌ててその釈明を余儀なくさせられた。

前出の、二十世紀エジプトの思想家アフマド・アミーンの言葉を引用してみよう。彼は一九五二年に出した著作によって明確に西欧へのイスラームの反感を表現したが、その著作はいまだに再版を重ねて書店を飾っているのである。つまりそれだけ広く普及し、支持を得ている見解といって差し支えないのだ。

彼の専門はイスラーム史で、研究の初めは実証史家として知られていたが、長年の活動を通じて、広い意味の文明論者として羽ばたくようになった。カイロ大学教授として教鞭をとって、後年はアラブ連盟の文化局長なども務めた。*

キリスト教徒たちはいまだにムスリムに対して敵対的で、その手中からパレスチナの土地を取り上げるのにユダヤ人を支援している。十字軍の精神は、あたかも土壌の中に隠された火のように、まだ燃えている。……キリスト教徒はまだ狂信的で、イスラームを侮蔑と憎悪と宗教的狂気で敵視している。……国際法はイスラーム諸国をキリスト教諸国と同等に扱っていない。西洋が批判し禁止する東洋の狂信は、西洋では慈恵溢れる民族的配慮とされ、聖なる民族主義とされ、賞賛される愛国主義であるともされる。西洋では誇り、栄光、愛国主義、国家的名誉とされるものを、彼らは同じものを指して、東洋の過熱、迷惑な盲目的愛国主義、西洋人に対する軽蔑と反発であるというのである。**

多少付言すると、実際の戦闘以外にも、十字軍を許しがたき暴挙と見る事象として次のようなことが挙げられる。第一には、悪戦苦闘の末に十字軍は一〇九九年にエルサレムを占拠し、エルサレム王国を建設することに成功したが、そのエルサレム征服時に流されたムスリムの血は、イエス・キリストが十字架を背負って歩んだといわれる道も含めて、街中の狭い石畳の道路を川のように流れていたと記録にある。ところがイスラーム側が同都市の奪還に成功した際には、キリスト教徒の流血の惨事は起こらなかったのであった。それほどに、イスラームは慈悲の宗教であり、寛容さを

＊　アミーン父子揃ってのイスラーム思想活動については、拙著『現代イスラーム思想の継承と発展―エジプトの自由主義』国書刊行会、二〇一一年

＊＊　Ahmad Amin, *Yawm al-Islam*, Cairo, 1952.

誇るものだとされるのである。

またイスラエルのパレスチナ支配もアラブ・ムスリムの悔しがるところであるが、一方ほぼ同様に残念なこととして今日も語られるのは、現在スペインのあるイベリア半島である。アラビア語ではアンダルシアの地とよばれるが、それは砂漠の民からすれば緑と水に溢れる天国のような理想郷と思われたことは想像に難くない。イベリア半島は八世紀のアラブ軍侵攻以来、一四九二年に完全撤退するまでの間、七百年の長きに渉って統治を継続し、その間アラブ・ムスリム文化を欧州側に発信していた。

このイベリア半島の喪失は、ムスリム側の十字軍史の記述には立派に正面から扱われているのである。西欧の十字軍記述は、パレスチナをめぐる展開が中心でそれに加えてエジプトでの戦闘などが含まれるに過ぎない。因みにイベリア半島も含むイスラーム流の広い視野の十字軍研究は、すでに行き詰まった感のある欧米の同研究のあり方に対して、全欧州的規模の軍事行動の全貌を与えるものとして、新鮮な視点と刺激を与えている。このような研究動向の展開は現代における知的レベルの極めて興味深い相互作用であるとともに、何かといまだに尾を引いている欧米中心主義の世界観や価値観に対して一石を投じているとも言えよう。
・植民地主義とイスラエルの建国
第二の反欧米感情の柱は西欧の植民地主義であり、中でもその結果としてのイスラエルの存在ということになる。被植民地側が持つ被害感情が反発の原因となることは、日本は植民地主義側であったにしても理解できない人はいないだろう。いまだに世界中に残っている感情である。

ただしアラブ・ムスリムの場合は、イスラエルの誕生という西欧近現代史の落とし子のような存在が、喉元に刺さった魚の骨のように居座ることとなった。ではなぜイスラエルを彼らは糾弾するのか。もちろんコーランにもユダヤ人に対する警戒心や、しばしば敵対関係があったことも記されている。

しかし最後は、宗教間の無益な争いは克服するように諭され、あなたにはあなたの教えを、私には私の教えがあるように、と説かれている。それはキリスト教徒に対しても同様であり、彼らも中世以来イスラーム商業の大切な担い手として大活躍したのであった。またキリスト教徒は、支配者の顧問、宮廷建築家、科学者なども多数輩出してきた。

パレスチナ人にしてみれば、自分たちの領土が奪われたのだから、反発するのは当然であろう。また多くのアラブ諸国にしても、それが当面の具体的な問題である。パレスチナは前に見たイベリア半島と同じく、風光明媚で果実も美味で豊穣な理想郷の一つでもある。

しかしそれでも現在は、暫定的であってもパレスチナ人の政権が認められる国際環境となり、その政権はイスラエルの存在を事実上承認して、細かな行政事務を互いに協議する段階にまで到達したのである。それならば過去は過去として、将来へ向けてすっきり新たな出発を祝うしかないということになるのであろうか。そこが人の持つ感情、そしてそれと関連する利害関係の複雑さである。

再びアフマド・アミーンを引用して、以上の反発感情を確認しておきたい。

そして、グッド・バイ（とだけ彼らは）言った。*

この言葉はアミーンの『自伝』に出てくる。一九四六年、彼はロンドンのイギリス外務省で開催されたパレスチナ問題円卓会議に出席した時の模様を、開いた口がふさがらないといった調子で描いている。彼はその会議にエジプト代表として全面的に参画したが、激しい論議の後、アラブの陳述は十分聴取したので、その検討結果は後日通知する、そして必要があればまた会議を召集すると、突然イギリス側が一方的に告げて閉会となったと述べている。

この顚末に対する彼自身、あるいはアラブの反応についてアフマドは何も触れずに、ただそのショックの様子を伝えるのに、右のように一文を記すに止めたのであった。しかしこの簡略な描写は、西洋に騙され裏切られたという憎悪の原因がさらに積み増された様子を、言葉を多くするよりも如実に語っているといえよう。

かつては国際連合でも国際場裏での二大政治問題といえば、南アフリカの人種隔離政策（アパルトヘイト）とパレスチナ問題であった。しかし前者はつとに解決されたということで、すっかり議題からは消え去った。残るのは後者である。ただでさえアラブの歩調が乱れると、イスラエルは必ずすかさず入植地の数を増やす、あるいはエルサレムの遮断壁を増築するなど新手で攻めるのが通例となっている。まだまだ血を相当流さないと、双方の妥協と知恵による事態の平静化は望まれないのであろうか。

そしてそれよりも最近「イスラーム国」との関係で問題となっているのは、旧宗主国に移民した人たちの第二、第三世代の若者たちが蒙っているいわれなき差別と社会的疎外感である。その源は植民地主義にありということが、改めて彼ら自身の実感として身に迫るのである。そしてやるせなさから、シリアやイラクへと向かっているケースが多く報じられている。これはまさしく、植民地主義の皺寄せが現代になって一気に若者たちに襲い掛かっているという事態である。そしてそのような青年たちは十分に教育も受け、場合によっては能力的にもヨーロッパ人市民よりも優秀な連中も少なくないから、この社会矛盾が余計に浮き彫りとなる。

・イスラームとイスラーム学の蔑視

第三の反欧米感情の源泉は、欧米におけるイスラームに対する侮辱であり、さらにはイスラーム学に対するいわれなき無視と軽蔑である。預言者の風刺漫画が騒ぎの焦点となって以来久しいものがあるが、近くはパリ市内のど真ん中で出版社の社長らが暗殺される事件が起こった。そして他宗教や他文化の尊厳の維持と表現の自由の対立という見地からも、世界的な議論が起こされたことは忘れられない。

ムスリムが持つ自尊心の大きさと高さに関しては、本節の初めに導入口として少し言葉を費やし

＊　do., *Hayati*, Cairo, 1952. p. 315.

て説明したところである。腰を低くするなどという日本流はまるでありえないことである。もちろんムスリムの間では謙譲の美徳が教えられ、それはコーランでも強調されるし、イスラームの倫理道徳の重要な徳目の一つとなっている。また逆に傲慢さは悪魔の仕業とされている。しかしイスラームの外から後ろ指を指される理由は全くないということが、ここで取り上げている側面である。否、むしろ他宗教や他文化よりも優れている、人類最良の宗教であり信徒間の共同社会は最善のものであるとコーランに説かれているので、何ら低く構える必要がないということになる。

このような自負心と自信の強さは、平生の日本社会ではお目にかからないので、ここでいくら書いても不十分なことは目に見えている。恐らくその強靱さはイスラーム信仰の機軸が絶対神との誓約であるというイスラームの成り立ちにも影響されていると思われる。こうなるとイスラーム信仰の中身とその特質といった信仰論に話が及ばなければならなくなるが、ここでは以上で筆を収めることとする。

補足しておきたいことは、イスラームに対する侮辱の問題と、さらにはその延長としてイスラーム学に対する執拗な無視と侮蔑という問題が、別途存在するということである。後者はあまり注目されることもなく、時事的な事件にも縁遠いが厳然として歴史上存続しているのである。

それは具体的には、例えば預言者伝承の内容は、すべて恣意的に事後捏造されたものであり、一切科学的な根拠に欠けるとしてきた西欧イスラーム学の立場である。これは数世紀以前からヨーロッパのイスラーム学者間で主張されてきてはいたが、現在は多くは相当事実を伝えているという結論に落ち着いている。

日本書紀は根拠がないと思われたときもあったが、よく調査するとそれほどでたらめや作為的なものではなく、史実を伝えている部分は相当あるし、いずれにしても編纂当時の真摯な執筆態度は間違いないものであったという。預言者伝承集もおよそそのような姿に近いということであろう。しかし伝統的なムスリムからすれば、それはとんでもないことで、特にスンニ派の二大伝承集とされる原書に掲載された伝承は、ムスリムの信仰と生活において疑問なく受け止められるのが普通である。

ここで少々頭をめぐらせると、キリスト教のバイブルはイエスの教えを高弟たちが記したものであり、仏典に至っては数世紀経ってから信徒たちが書き記したものも多数ある。それがすべて釈迦の教えとして翻訳され、諸国に伝えられたのであった。預言者伝承とは、第一世代の高弟たちが伝え、その後伝承を伝えるテキスト本体は、連綿とつながる伝承者の氏名の連鎖とともにすべて記録され書籍としてまとめられたものである。このような単純な比較からも、預言者伝承だけがすべて贋作だというとすれば、その刃はキリスト教徒などにも向かってくることにもなるであろう。

以上は預言者伝承に関する西欧イスラーム学から起こされた問題提起であった。それ以外にも何かとイスラームの貢献や独創性を傷つける方向の疑問提起は少なくない。イスラーム法は当然、コーランと預言者伝承に依拠する膨大な法体系であるが、それの多くは東ローマ帝国法典のアラビア語訳が基礎をなしているとする学説もあった。

多数のギリシア諸科学がアラビア語に組織的に翻訳されて、それがイスラーム諸科学の基を構成した事実は広く知られている。それをムスリムの歴史家や科学者が否定することはない。しかしイスラーム法となると、いわゆる世俗学問ではないこともあり、容易には譲れないものがあるのだ。問題は事実がどうであったのかということだが、行政法や国家組織法関係はローマ法から得たものがあるとしても、イスラームの基本精神に則る諸儀礼、刑法、親族等身分法はコーランに直接言及されているところでもあるので、そのローマ法典借用の可能性はあったとしても極めて限定的であったといわねばならない。

ここで三個所目だが、アミーンの主張を一例として引用する。

ヨーロッパ人の中には、イスラームが拡大したのは、片手にコーラン、もう一方の手に剣を持って領土拡張したからだと主張する者がいる。ところが剣の使用は自己防衛のためであり、拡大は伝教と説得によったのだ。……東洋学者の中に、イスラームは頑固で祖先の伝統にしがみ付いていて、理性を使っていないと非難する者もいる。しかしコーランの法的な部分は立法の必要のために最大の注意を払って伝えられてきたが、それらはせいぜい百を越えない数である。他方、どの時代をとってもそこでは、何千もの出来事が生起していることは周知の通りである（著者注：したがって新たに法を設けなければいけないので、東洋学者の言っていることは当たっていない）。*

とにかくここで挙げている問題点は、各論がどうということではなく、イスラームの諸学は結局贋作か、あるいは輸入物であったと主張するのに嬉々としている欧州側の風潮であり、それには敏感に反発するアラブ・ムスリム側からの欧米側に対する疑念と猜疑心は克服されていないという状況である。

しかしそれも時代とともに新たな可能性が出てきているのは、なんとも喜ばしい。それは欧米のイスラーム学の最高学府にムスリム学者が進出し始めているということである。それはこの十年あまりの間に起こった進展である。コーラン解釈の最高権威とみなされる学者がエジプト出身で、その人はイギリスのオックスフォード大学で教鞭をとっているといった例である。彼はムスリムであるからといった忖度からではなく、あらゆる学問的な試練をパスし、またその研究内容は厳しい学問的な査定と評価の関門を通過していることは言うまでもない。[**]

今後ともこのような高度なレベルにおける相互の交流と役割分担で、相当程度にイスラーム学に関する偏見と執拗な侮辱的扱いの除去が進められるものと期待される。

＊　do., *Yawm al-Islam*, p. 45.

＊＊　M.A.S. Abdel Haleemであるが、*The Qur'an*, Oxford World Classics, 2008., 及び、co-authored with Edward Badawi, *Arabic English Dictionary of Qur'anic Usage*, Leiden, Brill, 2010.　後者は約一世紀振りのコーラン用語辞書であり、高い評価を得ている

column

アラブの末法思想（偽キリスト）

中東は悩んでいることは間違いないとして、そんな世相で流行りがちなのは、日本語でいう末法思想である。イスラームではすべての存在がアッラーの審判を受けるため、最後の日を迎えるという終末観に満たされている。その最後の日は何時やってくるかは人間には知りえないが、その時期には多くの異常な事態が生じるという。例えば太陽が西から昇るといったことだ。

そこで今日現在の混迷状態も、そのような異常な事態ではないかと思われ始めているのである。昨今の末法思想の一断面と見られるのは、イスラームでいう偽キリストの物語が横行していることである。偽キリスト（ダッジャール）とはイエス・キリストを騙る男で、右目が不自由で、彼はこの世の最後の日頃に現れて人々をいろいろ惑わせるとされている。そして米国やイスラエルは、このダッジャールと映像が重なって扱われるのである。

コーランには出てこないが、預言者伝承にダッジャールの言及はいろいろ出てくる。「アッラーの御使いは言われた。『以下の六種の事件が起こる前に善行を急ぎなさい。それらは、太陽が西から昇ること、煙霧の発生、ダッジャールの出現、一獣の出現、個々人に起こる災い、全般にわたる大規模な災いなどである。』……『彼は片目の男であり、天国と地獄の表徴のようなものを伴ってきます。彼が天国と呼んでいるものは、実際には地獄の火です。たぶらかされないよう気をつけなさい。*』」

図7

　戦乱や世の中の乱れ自体も最後の日に近いと見られるので、末法の前兆に満ち溢れていると考えられることになる。ただ注意したいのは、イスラームの最後の日の観念は仏教的な悲観論には染まっていないということである。つまりすべてはアッラーのご差配なのであるから、悪いこともあれば良いこともある、そして人の務めはいつも最善を尽くし、篤信であることに尽きると結論ははっきりしているからだ。だからこのような前兆を知った時には、信徒はしっかりと信仰の絆にしがみつくようにという注意喚起を受けていると理解するのであって、悲観して暗い気持ちになるというわけではない。

＊『日訳　サヒーフ・ムスリム』（日本ムスリム協会、一九八九年）第三巻、七六五、七八〇、七八一頁

第6章

未来観

昔日に世界制覇をした経験のある国や民族には、それをもう一度、という願いがあっても不思議はない。十六世紀から十七世紀にかけて、イランは「世界の半分」とまで自負した繁栄を築いたし、同時代にトルコはやはりオスマン帝国の絶頂期を迎えていた。昨今のアラブの歩調の乱れもあり、両国は現実的な意味でまたまた域内覇権争いに食指を動かし始めている。

またそれとは別に、アラブも含めた中東全域大同団結への、目一杯の夢も死んでいない。「夢よ、もう一度」はその夢を持つ人に、小さな障害物や些細な抵抗を乗り越え踏み越えて進ませるものである。それは歴史の長波ともいうべきものであり、あまり日本的な発想にはなじまないかもしれない。日本ではもっとはっきりして確定的で、合理的な計算の可能な領域の方が一般常識的だからだ。

それと第一、日本には良かれ悪しかれ、そのような世紀を跨ぐような「夢」は残念ながら存在していないという方が早いだろう。いずれにしてもこのような夢を絵空事として反故にするのは、事実無視の批判を免れない。それも現実の一端であることは間違いないからだ。

イランとトルコの域内覇権主義

中東域内の覇権争いというのは、日本ではあまり耳にしない話であるかと思われる。しかし間違いなくその種の競争と葛藤が存在する。現在この意欲を一番示しているのは、トルコである。シーア派の勢力拡張を通じるイランの覇権拡大への関心については、すでに「革命の輸出」としてホメイニ革命のところで言及したので、表題だけにとどめてそれ以上ここでは取り上げない。

広域支配の歴史

中東の土地勘を養うためにも、域内における過去の覇権争いの様子を見直してみよう。古くから中東は広域支配の土地柄であったといえる。それはイラン側からの支配、あるいはギリシア、ローマからの支配であるかは問わない。エジプトでは何千年とファラオの支配が継続されていた。砂漠の占める割合が大きいという地理的な事情が、通信や交通の統治技術レベルが低い時代においてもそれを可能にしたものと思われる。

因みにこの広域支配現象を支配的言語の移り変わりという側面から見ても、なかなか興味深いものがある。古くは域内の共通言語として流布したのは、種々のセム語であった。イエス・キリストが主として使用したとされるアラム語やナバテア語、フェニキア語、ユダヤ教徒のヘブライ語などがある。セム語には三つの子音で単語を構成するという特徴があり、それは二つの子音で構成されるアフリカのハム語族と区別される。アラビア語もセム語の一つであるが、当時の商業路に沿って、また軍事的支配域の拡張にしたがってアラビア語圏も拡大されたのであった。

そして常にその東側にはペルシアがあった。そこではインド・アーリア語であるペルシア語を話し、その語族はヨーロッパに入って現在のヨーロッパ諸語の出発点となっている。フランス語を知っている人であれば、ペルシア語がそっくりの構造を持っていることに驚かされるであろう。同じイスラーム圏ではあっても、イランとアラブとはかなり異質な民族性を持っていることは、この視点からもいえる。

次いで中東に侵入してきたのが、トルコ語族であった。それも様々なトルコ語であり、セルジューク・トルコや、それに次いで最後に大きな語族として入ってきたのが、オスマン・トルコであった。トルコ語族は中央アジア出身であり、日本語とも言語構造は当然酷似している。現在もトルコは親日家が多いが、特段、語族が共通だということは強調されないが、何がしかの遠因にはなっていてもおかしくない程である。

以上で明らかになる情景は、中東は多くの文化や民族が行ったり来たりしてきた大きな歴史の舞台であったことである。その総仕上げのようなものが、十六世紀以来のオスマン・トルコ帝国の支配確立である。アナトリアの地を本拠地としつつ、西は北アフリカから東はオマーンまでを統治する一大帝国となった。もちろんその支配内容は今日考えるような緻密で詳細な制度ではありえようもなかった。それはオブラート程度の薄く軽いものであった地方も多々あったし、それであるからこそ可能となったともいえる。

しかし支配は支配である。各地にオスマン・トルコの烙印を押していったといえよう。他方同様な広域支配を東側で実現していたのは、イランのサファビー朝であり、さらに東側ではインドのムガール朝が広域支配を樹立した。これで十七世紀には三大王朝のそろい踏みということで、いわばイスラーム帝国の完成形が達成されたといっても過言ではない。それぞれが世界の中心だとの自負と達成感に満ちていた。

こうして歴史は巡るのだと言わざるを得ない。今やトルコはこの栄光をもう一度という段階にまで到達したからだ。

トルコの運命

オスマン・トルコの何がよかったのであろうか。ここでは単に歴史的な回顧をするのが趣旨ではなく、現在にも生かされる理解と情報を求めているのである。現在のトルコと接して一番感銘を受けることは、素晴らしい事務能力である。書類の整理と各自の業務分担の詳細が鮮明であることだ。さすがオスマン・トルコの末裔だとしかいいようがないとの実感がある。また彼ら自身も大いにその自覚はあるし、そのことを周辺の中東諸国との比較で、明白な優位性を感じ取っている。

そして現在という特定のタイミングで域内覇権の意欲が高まってきた背景には、長年の念願であったヨーロッパ連合（ＥＵ）加盟が拒否される方向が明らかとなったことがある。これは一九八七年の再度の加盟申請以来、実に三十年近く経過した問題である。しかしそれは進展がないどころか、ますます見通しは不透明である。そこでいわばトルコにしてみれば、西側を向くよりも東側に方向転換したということになる。ＥＵ側の拒否に至る複雑な交渉などその過程は別問題であるので、ここではこれ以上言及しない。

トルコの選択肢としては、ＥＵとの関係だけではなくもう一つあった。それはイスラームへの回帰という選択である。この現象はすでに一九六〇年代以降、徐々に、しかし明確に進行しつつあったのだ。農村から都市への若い世代の流入は、彼らが出身地で養ってきた伝統文化、つまり広義のイスラーム文化とはそぐわないものに接する機会となった。この疎外感、あるいは不満感や方向喪失感と中東各地に広がるイスラーム復権の潮流とが重なり合ったという歴史の不思議が生じたのである。

ＥＵに向かっては、トルコはいかにイスラームではないかということをアピールせざるを得なかった反面、背後では本気になってイスラーム教育の強化とイスラーム諸国との連携強化に努めてきたのであった。その際のイスラーム諸国には、中央アジア諸国を当然含んでいる。児童教育の面でも各国からの生徒の招聘事業にもトルコは心血を注いできている。二〇一四年、著者がトルコ宗教庁の招待で同国を訪問した時に詳細な説明があったが、その招聘制度の整備具合も全く半端ではない。

こうしてトルコの域内覇権という意欲も半端ではなくなった。当初はイスラーム化、それも欧米のイスラーム学の間違いを指摘するようなアカデミックなものも含んでいたが、同時にトルコ式のイスラーム教育に熱を入れてきているのだ。また例えば、エジプトでムスリム同胞団のモルシー大統領誕生直後、海外よりの祝賀の代表派遣に、当時のトルコのギョル大統領が一番乗りしたということもあった。

そんな中飛び込んできたのが、シリアの混乱と難民問題である。トルコはシリアの隣国であるから、自然と同問題への格別の関与が不可避となったが、それはトルコにしてみれば裏からの域内覇権増大のチャンスにもなっているのだ。もちろんシリア問題の肥大化とともに、相当な重荷となりつつあることも否めないところだろう。

ここで目を転じると、ＥＵはトルコを拒否する姿勢である反面、トルコ経由のヨーロッパへの難民の増大に鑑みて、むしろトルコをＥＵ内においてその規範に従わせた方がよかったのではないかとの反省が出てきてもおかしくない。だからといって、今さらＥＵの方から手を差し伸べることも予想を超えた事態である。トルコにしてみれば、東を向くのか西を向くのか、サイコロはすでに振られたのである。東や南に向かってのトルコの関与の増強とイスラームを通じる関係諸国との連携強化が、これからの中東の政治的地図の確かな一角を占めることは間違いない。

巡礼に見る大国振り

トルコの中東域内における大きな存在感を示すために、ここでイスラーム巡礼という一大行事における様子を記すこととしたい。ショート・コースである小巡礼は一年を通じていつでも実施できるが、フル・コースである大巡礼は毎年最後にやってくるイスラーム暦巡礼月の七日位から十三日頃までの間に実施される。ここで見るのは、主として大巡礼の方である。

そこでは世界から、三〜四百万人が集まる。諸民族と諸言語の百貨店といった様子になるが、その中でも極めて目に付くのは、トルコ、インドネシア、イランからやってくる巡礼団の一行である。というのは、彼らは人数が抜群に多いだけではなく、しばしば一団としてのユニフォームを着用しているからである。

巡礼期間に北はメディナから南はメッカまでの五百キロにわたる巡礼聖域に入る男性は、必ずイフラームと呼ばれるタオル二枚の白装束に着替える。だから各国別のユニフォームが見られるのは同期間以外のタイミングに限られるが、多くの人は事前に到着するのでユニフォーム姿を目に焼き付くくらい見られることとなる。各国から来る人たちは、アラビア語が話せない人が大半だからグループで行動するため、確かにユニフォームは正解である。そうでなければ、多数の人が警察のお世話にならないと宿舎にも戻れなくなる恐れありだ。それほどの混雑ぶりなのである。

ところでこのトルコの集団行動を見るにつけ、想起されるのは、オスマン・トルコ治世の約三百年を通じて、聖地メッカ一帯を統治したオスマン・トルコのカリフは一人もいなかったということである。というのは、メッカ地域は格別の聖域であるので、そこでは常にハーシム家という預言者直系の伝統的な家系が統治するのが慣行となっていた。

他方イスタンブールにいるカリフたちは、これまた常にメッカのカアバ聖殿はじめ巡礼の名所旧跡に様々な寄進を行ってきていた。それは聖殿の修理であり、貴金属製品の寄付、絨毯の張替えなどなど、すべて記録されてきた。現在は聖域メッカ博物館にこれらの貴重な品々が集められ展示されており、往時の熱意がひしひしと伝わってくる。

しかし観点を変えてこれを見ると、これらの品々はトルコの覇権意識の表徴でもあったと思われるのである。それを誇示することで巡礼のために集まる多くの人に対して、示威行為の効果が狙えるからである。因みに最大の物品の一つは、カアバ聖殿にかけられる豪華絢爛たる覆い布（キスワ）である。それは高さ十四メートル、長さ四十七メートルほどになるが、随所に金の刺繍が施され、その文言はすべてコーランから採られている。またそれは巡礼が終わると毎年、裁断されてその切片は各国への寄贈品として利用されるのである。もちろん張替え後は、新規の布が掛けられる。

こうして寄付される布の一片は、これまたオスマン・トルコが誇れる品として各地に送り届けられるという段取りである。現在もこの習慣は続いており、それもまた極めて高等な外交手段になっているといえよう。因みに日本にもこの布は四枚存在し、大阪万博の時にサウジアラビアが贈呈してくれたのがその初めとなった。また昨年開設された五反田の日本イスラーム文化交流会館（日本ムスリム協会の施設）にも、大きな一片が寄贈されて玄関口に安置されている。残る小型の二枚は、広尾のアラブ・イスラーム学院と大塚のモスクに展示されている。

イスタンブールのカリフたちは、寄付行為を通じて政治的な正統性の確保と世界各地からくるムスリムたちの支持も確保することができたといえる。その意味で、メッカ周辺だけは特別扱いすることとなっていた政治体制をうまく活用していたともいえるだろう。

しかし第一次大戦を通じてアラブの独立がイギリスによって推進されることになった時に、アラブの運動を推進する旗印のように担ぎ出されたのが、シャリーフ・フセイン、つまり当時のメッカの支配者であった。ハーシム家出身者で預言者ムハンマド直系とされる家柄である。その末裔が現在のヨルダン国王ということになる。当時のシャリーフ・フセインの弟であるファイサルは、イギリスの傀儡《かいらい》としてまずシリア国王となり、次いでイラクに移動してから彼はイラク国王に祭り上げられたのであった。

以上は歴史的な回顧では決してない。それは現在も存続するトルコ人とトルコ政府の堅固な威信と自信の根源を確かめているのである。それが、今後さらに顕在化するトルコの域内覇権への動きのエネルギー源となるのだ。それだけに日本からも、そのような力の源泉について熟知するに越したことはない。中東の歴史は現在と未来を作り出すエネルギー、そして民族と国家の方向性を定める重要な源泉として機能するし、また関係諸国とのあり方を定める羅針盤となるのである。

二〇二三年にはトルコ共和国建国百周年を迎える。この機会が国威発揚になるのは、論を俟たない。また本年四月エルドアン大統領は、大統領職を元首ではなく実権を集中した文字通りの大統領制に移行させる憲法改正を達成した。

なおここで一筆加えなければいけないのは、二〇一六年七月に首都アンカラとイスタンブールにおいて軍事クーデター未遂事件が起こったことである。トルコ軍にはいまだ政教分離を支持する流れが強いからである。反乱は直ちに取り押さえられたが、エルドアン大統領の強権により、軍人、公務員、報道関係者ら多数の人たちが拘束、拘留、迫害を受けたのであった。その扱い方がいかにも人権無視であるとして、EUなどから強い非難を浴びることとなった。この一事はEU加盟を難しくする決定的な事件となったのみならず、トルコによる中東への覇権の意欲にも少なくとも一時的な障害となった。シリア難民問題やクルド人独立問題も拡大し、複雑化している。当面、トルコは国内の治安と統制だけで、手一杯の状況となってしまった。

「夢よ、もう一度」

長期の浮き沈み

ローマ帝国の衰亡史は、巨大なマンモスが倒れるような迫力を読む人に与える。その主要原因は、北から侵入してきたゲルマン民族の移動ではなく、むしろ南に広がる地中海沿岸をくまなく征服したアラブ・ムスリム勢力であったことは、今では広く認められた見解だ。そうすることで地中海貿易を牛耳り、そのことがローマ帝国の流通経済を破壊してしまった。またそれにより、欧州は土地に縛られる農業経済主体の閉鎖社会へと押し込められたのであった。西欧中世の到来である。

ところが十五世紀を境にして今度は欧州が喜望峰を周航することで、東西の貿易路を南回りで支配することとなった。それまで中東は香料や絹や紅茶などの交易路として莫大な利益を生む地域であったのだ。しかしその多くは昔日のものとなり、イギリスがエジプトを占領した当時の同地から上がる利益は、スエズ運河の運営を除けば綿花栽培だけであった。それはモノカルチャー経済の常として、浮き沈みの激しいものであった。南北戦争がアメリアを席巻すると、エジプト綿への欧州における莫大な需要を喚起した。しかしそれも人造綿の開発と一九二九年の世界大恐慌の後は見る影もなく、エジプト経済は奈落の底に落ち込んでしまった。

中東の興亡には、このような世界史的な経済システムの変動を背景とする関係諸国の浮沈があったのである。そこで本節のテーマである、中東の「夢よ、もう一度」という発想を見てみよう。中東に世界史的な好機は再び巡ってくるのであろうか。現代中東最大の生産物は石油や天然ガスなどの石化燃料であるが、それもシェール・オイルなどの新たな製品に追い込まれつつある。そこで産油諸国は石化鉱物を原材料とする石化関連産業に活路を見出そうとしてきた。

「夢よ、もう一度」、それは現在のところ何も正式に表明された政策課題でもなければ、例えば小説や映画の主題になっているわけでもない。それよりはるかに後背を流れる底流に過ぎないというべきだろう。しかしそれは間違いなく確かな底流であるので、看過されないのである。

しかし以上の夢は、下手をすると、ただの中東の欧米への反撃であり、報復のように見られるかもしれない。だがイスラームの立場からすると必ずしもそうではない。なぜならばイスラームが真実の教えである限り、その文明は世界をリードするものでなければならないし、世界の頂点にいることが当然だという意識が強いからである。

それは欧米にやり返すという発想ではない。そこでまずは、頂点にいないという現状は何がおかしいのかという低迷の原因探しが、その文明復興の議論の冒頭に来る、彼らの自然な疑問ともなった。「国家百年の計」という言葉があるが、以上の潮流は「中東地域の世紀をまたぐ夢計画」とも言うべき長期間に渉る主要なテーマである。

「イスラーム国（ＩＳＩＳ）」の全版図の意味

最近、このような「夢」が徘徊していることを端的に示す出来事が、「イスラーム国」を巡ってあった。それは彼らが発表した「イスラーム国」の完成された全版図には、イベリア半島からペルシア湾までが含まれていたのである。もちろん「イスラーム国」自身が幻想に過ぎないであろうから、それが示す設計図もあまり検討には値しないだろう。しかしそのような版図が目標とされるということ、及びそれが多数の世界のムスリムやイスラーム・シンパに向けて宣伝材料として用いられることが、本節との関係で重要なのである。

つまり彼らの規定する「十字軍」からの領土回復が、その将来像とされているのである。そこでは「十字軍」は反イスラームの敵対勢力一般を指す象徴的な用語となっている。それは現代社会でも新たな装いで登場する、魔性を帯びた常套用語でもある。

赤十字は国際社会では広く認められているが、その例外はイスラーム諸国である。そこでは「十字」はありえないので、緑の半月が救急車のロゴマークとなっている。これはイスラーム側の「十字軍」への過敏性症候群に近いといえる現象かもしれない。

「イスラーム国」はテロ集団として全く是認される余地はないにしても、そこには中東の人々の長年の心の傾きを反映し、それを捉えている面もあるということになる。それが一言でいえば、「夢よ、もう一度」なのである。「イスラーム国」自身は国際的な協力でやがて息の根が止まるとしても、そのような心の傾きは死滅するものではない。それは中東の堅固な歴史経験に基づくものとして、二十一世紀を通じても風化する必然性は当面見当たらない。

大同団結の可能性

「夢よ、もう一度」を検討し、その最後に考えておかなければならないのは、それが中東の人々を大同団結させることができるのかどうか、という点である。各自が相当共通の夢を持ってはいても、それが現実に稼働するためには関係者の連繫した行動が必要となる。

もし大同団結があるとすれば、それはイスラーム全体を包摂するような課題や目標が明確化される状況である。そこでは宗派対立も影を潜め、イスラーム下の諸民族の反目も霧散する。これはとんでもない話で、とても現実的ではなく、絵に描いた餅だと多くの人は考えるかもしれない。

しかし実はそのような場面は、メッカ巡礼という形で毎年繰り返し確認されていることを想い起こしたい。いわば大同団結をリハーサルしているようなものなのである。この様子は実際に巡礼に行った人にしか目にすることはできないが、数百万の巡礼者が一斉に荒野でひたすらアッラーに礼拝を行なう日々は、大同団結の姿を現実に見ることと同じである。

著者はニューヨークの国際連合関連の仕事を数年した経験があるが、そこでの国際協調のあり方と比較しても、巡礼の時の方がはるかに親密であり、最後の大きな目的は一つで全員が共有しているとの実感と互いの相互扶助の精神に満ちているのである。世界的な大同団結の例を他に比較することも出来ないので、こんな個人的な感想に言及してみた。いずれにしても、メッカの地で世界的な大同団結が肌で感じられるということは、現地経験のある人ならば誰しも否定できないのである。

二〇一六年初めに驚かされたのは、サウジアラビアが突如イランとの国交断絶に踏み切ったことであった。その背景に、シーア派のイマームをサウジアラビアが国法に従い反政府運動などのテロ活動の罪で死刑に処したところ、それにイラン市民が反発して在テヘランのサウジアラビア大使館に火を付けたことがあった。ところがその国交断絶の声明において、巡礼のためのイランからのサウジアラビア訪問はきっちり例外とされているのである。そこまで禁止することは考えられないし、そのようなことをすれば今度はサウジ自身が全世界のムスリムを目前にして窮地に立たされることとなるのである。

世界のムスリムの微妙な心情を深く理解するかどうかが、日本でも問われているのである。表面的な言動で激しそうに見えるとしてもいわば心は通じているという繊細な心根を、イスラームの外界にある人々も理解することが必要になっているのだ。それは人の心の深い部分に属する問題であると共に、極めて長期に渉るテーマでもある。この長期を平然として待つ心境が、すべてはアッラーが決められるし、その決定が最善であると信じる「もしアッラーが望まれるならば（イン・シャー・アッラー）」という常套句なのである。

ここで別の話題に移すが、それは前節でトルコの域内覇権主義として記述したものに関連する。トルコはヨーロッパ連合に加盟申請を出して、何とか受諾されようと必死の努力をした。イスタンブールもそのお蔭でかなり整理整頓が行き届いた程である。しかしその願いは、結局認められないままに終わりそうである。

この一事があってから、トルコはますますイスラーム回帰の方向を明らかとすることとなったのである。それは前述したが、例えばエジプトでムバーラク大統領が追放されて、ムスリム同胞団のモルシー大統領が誕生したときに海外からの首脳として最初にエジプトを訪問してモルシー大統領の就任を祝したのは、当時のトルコのギョルル大統領であった。

もう一つの別の事例がある。二〇一五年十月中旬、四日間の会期でトルコ政府は「第一回アジア・太平洋沿岸諸国宗教者サミット」を開催した。そのテーマは「多様性の中の団結」ということで、関係諸国三十八カ国から百二十七名が参加した。その開会式でトルコ宗教庁ギョルメッツ長官は、挨拶の言葉として次のように述べた。

「長年会っていないが、われわれは同朋関係を再構築したいと考えている。それはオスマン帝国以来のものである。この情報化時代に、従来良好だった関係が、前進していないのはとても受け入れがたい。」

さらには閉会式でエルドアン大統領は、「昔からの絆と団結と協力を強めたい」と強調した。

右はイスラームの団結が主眼であるが、他方トルコは宗教一般の連繋にも力を注いでいる。例えば、同年十一月中旬の三日間、やはりトルコのイスタンブールで、世界各国から学者や宗教者約三百人を集めて、「宗教・調和・持続的発展」をテーマに「G20諸宗教サミット」が開催されたのであった。

この宗教サミットは、国際的な諸団体中心であり、民間主導である。二〇〇六年以来開催されてきた「G8宗教指導者サミット」が、ウクライナ問題による欧米との対立でロシアがG8を離脱したことに伴い開催が困難になった。それを受けて、新たに世界経済の中心となったG20首脳会議に合わせて、宗教界の声を世界に向けて発信する手段として再構築されたものである。直前にパリで発生した同時多発テロ事件や、二〇一五年になってシリアなどからヨーロッパに大量の難民が流出する経由地となっているトルコでの開催だけに、メディアからも大きな注目を集めた。

次に挙げる問題は、イスラームの政治思想の中で言及したカリフ制度に関するものである。カリフという宗教指導者兼政治指導者はイスラームの伝統的な政治制度として知られてきた。それはまた、預言者以来の姿を継承するということ、すなわちコーランに次いで堅固な論拠である預言者伝承に基づいた主張であることも全く揺るぎないところである。他方それは、オスマン・トルコの終焉と共に廃絶された制度でもある。そこでその復活が原理主義者たちによって構想され、要求されているのである。

「イスラーム国」の樹立宣言には、カリフ宣言も含まれていた。このことが実は多くの人たちを引き付けてきた要因の一つであったのだ。つまり、カリフ論は相変わらず多くの人の憧憬の的であり、象徴的な意味でも支持されているということになる。「イスラーム国」の残忍な実態を見れば、カリフ制度にあまり人気は出ない結果となるだろうと一般には考えられるかもしれない。しかし同制度はそのような一過性の課題ではないということも忘れられていないのである。それは見果てぬ夢の立派な主側面として引き続き生き続けるのである。*

イスラームの大同団結という課題については、教えの中に「ムスリムは一つの綱にしがみつき、団結せよ」と出て来る以上、自然にドライブがかかっているのだ。それに加えて、例えば世界各地であまりにも目に余るイスラームに対する迫害などが続くとすれば、それはさらにイスラームの団結への勢いを増す結果となるだろう。

そういえばイスラームの団結推進のための組織や機構には事欠かない。世界六十カ国をまとめるイスラーム協力機構（ＯＩＣ、二〇一一年まではイスラーム諸国会議機構と呼ばれていた）がある。またそれとほぼ同規模のＮＧＯとしてイスラーム世界連盟（ラービタ）もある。これらはイスラーム圏内の国連のような存在として従来多様な活動を展開してきているが、今後危急存亡の時には十分に世界の三分の一の諸国と十五億の人々をまとめる基盤を持っているのだ。**

そして「夢よ、もう一度」は生き続けるのである。それは急がないし、ムスリム流には、それこそアッラーが決められるまで待つのが最良の選択なのである。そしてこれは世界史の短波ではなく、極めて長い周期の長波の問題としてわれわれの心に銘記しておく必要があるということになる。

＊　オスマン・トルコでカリフ制が廃止されたのを受けて、エジプトにそれを持ってこようという発想があった。それに反対するエジプト人アリ・アブド・アルラージク（一九六六年没）は一九二五年、『イスラームの統治原理』（*Usul al-Hukm fi al-Islam*）を出版したが、彼はそれにより不信者とされてしまった。この事件以来、カリフ論はあまり行なわれなくなったが、昨今の原理主義者たちの主張でその潮流が一変した

column

アラブの末法思想（魔法使い）

もう一つの末法思想の断面が、魔法使いの話が広く流行していることだ。魔法（シフル）はコーランに二十回ほど出てくるが、いつもそれは人を欺く悪行として出てくる。また魔法は人を騙すことなので、アッラーへの不信の表れとして、信仰上は排除される。しかしそうはいっても、イスラーム以前から魔法使いや占い行為はあったし、それを人の心から追い払うことは容易ではないであろう。昨今では、乱世の反映と見られるが、この魔法使いの話が非常にアラブ人の間でもてはやされて、多くの出版物も見られるようになっている。

アラブ・イスラームの魔法の話で凄いのは、それがどこかで誰かにあった話というのではなく、基本的に自らが魔法を使い、あるいは魔法にかかったらどうするかという非常に現実的なセッティングで、その方法を教えるものが多いということである。日本だと魔法などは他人事であり興味本位の面白さというように尽きるだろう。それより遥かに、現実問題としての魔法への関心がアラブ・ムスリムで大流行しているのだ。それにもいくつかのパターンがある。

まずは教科書的な百科全書のパターンがある。魔法の定義、コーラン上の用法、奇術や奇跡との違い、インド、エジプト、ギリシアなどの諸外国の魔法の例などの項目が出てくる。手品や奇術は種や仕掛けがあるので、魔法のようなアッラーに反するものとは考えられていない。また預言者たちが人々に神からの啓示の力を示すために行なうのは奇跡と呼ばれており、それももちろん魔法とは本質的に異なっている。

次いで、いわば魔法をめぐる学術書がある。コーランの関連章節の解釈や魔術の習得法などがある。魔法は一般に悪魔（シャイターンあるいはジン）の働きと理解されるが、それは種々の形態で人に取り憑くので一種の病気と規定される。その方法を習得するには二つある。一つは魔法に習熟した人から直接その秘法を伝授してもらう方法。もう一つは自分の五感を直感的に使ってジンを発見して魔法を使えるようになることだとされる。これは人を呪う類いの行為だが、神経を集中させていると、人の弱点や欠点を見つけて傷口を広げるようなことができるというのである。

次は徐々に実用書的となり、魔法の定義、目的や種類、魔法の除去法を丁寧に解説したものがある。除去法を少し見ると、部屋に閉じこもりコーラン関連の章節を読み上げ

＊＊「イスラーム協力機構」はサウジアラビアのジェッダに本部を置く国際機関であるが、「イスラーム世界連盟」はメッカに本部を置いた民間の組織である。いずれの組織も、欧米語も含めてまだ本格的な研究の対象とされていないが、その多様な活動内容と将来的な重要性に鑑みて、そろそろまとまった研究書の出ることが期待される

図8

ることから始まり、蜂蜜入りの牛乳を飲むことや電気ショック療法などもある。食べ物が原因の魔法であれば、かぼちゃが魔法退治に効果がありとの経験談も出てくる。

意外なのは、ジンに取り憑かれた話は世の中に多数あるのだが、実体験を語ったものはあまり見かけないことだ。また子供向けの絵本的なものもある。

コーラン上では、ハールート及びマールートという二人が魔法に取り憑かれた人物として知られている（コーラン第二章第一〇二節）。しかし詳細はコーランには何も語られていないので、彼らの話についてはいまだに様々に綴られて、出版物も尽きないのである。

こんな中、現代アラブ世界で人気のあるイスラーム指導者で健筆家といえば、アーイド・アルカルニー（サウジアラビア）で、二〇一三年、『魔法の世界』を著した。『悲しむなかれ』という大部の著作は、癒し系の内容で多くの外国語にも訳され、アラビア語版は三十刷以上を重ねている。

こんな売れっ子のイスラーム作家が魔法の問題を取り上げること自体、一つの社会現象ともいえる。『魔法の世界』は大部ではないが、逆に手短かに要領よくこれまでの魔法を巡る諸論点を取り上げてまとめた点が特徴といえる。

魔法の除去法は他にも多く見られる、コーランの特定の章節を読誦することのほか、アジュワと呼ばれる黒いナツメヤシを食べるといいといった非常に具体的な方法も出てくる。このアジュワは、サウジアラビアのメディナ市で採れるもので、高級品扱いされている。

また例えば、魔法を除去するのに他の魔法を使っていいのか、といった論点に関しては、否定的な結論に達するまでの論証過程が際立っている。実に多くの文献を渉猟していて、この問題の世界への広がりを示してくれるのだ。またイブン・タイミーヤ、イブン・コタイバ、あるいはアルラージーといった歴代の著名な指導者や学識者たちも議論を重ねてきたことが記されていて、アラブの有識者たちを知的にも刺激してやまないことが察せられる。

終章　ダマスカスの昔と今

二〇一七年四月、シリアでは凄惨な戦いが続けられている。首都ダマスカス市内では政府軍が包囲網を張った地区内で多くの餓死者を出し、その模様は救援に入った国際赤十字などによって伝えられてきた。平和な時代には、「中東の小京都」と日本人が呼んでいた街は、今や瓦礫の山が続くゴースト・タウンのイメージになってしまった。

そのダマスカスは古代以来、豊かな歴史を誇ってきた。西は地中海につながり、東はメソポタミア、南はアラビア半島、そして北はアナトリアへとつながる交易の中心地であった。そして街の東には水の豊かな平地が開けると同時に、西と北側には山岳がそびえて自然の防壁となっていた。

紀元前三〇〇〇年頃にはアルメニア人が住み着き、そこへアッシリア人らの侵入があった。さらにはペルシア人、ギリシア人、ローマ人らの支配が続いた。その後、六三六年にはダマスカスを首都とするウマイヤ朝の樹立によりアラブの支配が始まり、それは七五〇年にバグダッドを首都とするアッバース朝の成立へと続いた。

預言者ムハンマドはダマスカスがあたかも天国のようだと言ったとされる。そして市内の中心であるウマイヤ・モスクの正面の壁（破風）には、モスクには珍しい具象画が見られる。緑の樹木、清い川の流れ、立派な館などがモザイク細工で描かれているが、これは天国の情景を表していると言われる。

ダマスカスは歴代の預言者に関する幾多の逸話の舞台ともなってきた。人類の祖であるアーダムが住んでいたとされる。またアーダムの二人の息子の内、弟のハーベルの捧げ物だけが神に認められたが、兄のカービルは認められなかったので嫉妬心から弟を殺してしまった。これが人類初の殺人となったが、カービルは犯した罪の大きさと埋葬の仕方を、飛来し土壌をかぶせてくれた鳥に教えられたので大いに恥じ入り、神に悔悟するというのがこの話の顛末である。この話の場所もダマスカスだとされる。

イエスとその母マリアもダマスカスに住んでいたといわれる。イスラームの預言者ムハンマドは史実としてはダマスカスまで来たことはないようだが、それも伝承ではダマスカスの近郊であるアルカダム（足という意味のアラビア語）までは足を延ばしたものとされ、その地には預言者の足跡とされるものが残されていた。*

歴史を回顧すれば、現状の悲惨さを改めて知るとともに、現代という時代が山あり谷ありの長い歴史の中で、何合目にいるのかを推し量るのに役立つものである。これからも有為変転の趨勢は変わらないにしても、現在のほぼ最低の谷底の状態はいつまで続くのであろうか。

学生の頃、人に道を尋ねると著者の手を取って目的地まで一緒に道案内をしてくれたのが、ダマスカス市民の常であった。域内の人々の心が和み、安寧の心を取り戻すとともに、山頂から将来へも良い眺望が持てるようになってほしいという願いが、本書を書き終わった今、著者の心を突き動かしている。

＊ Nicola A. Ziyadeh, *Damascus under the Mamluks*, University of Oklahoma Press. 1964, 'Introduction,' pp. viii-xx. 同書はダマスカスの昔日をよく描写している。一九七〇年代初めに、著者はジヤーダ教授に在ベイルートのアメリカン大学で指導を仰いだ

追記

トランプの中東政策

米国新政権は多方面に波紋を広げている。しかし本書の主題である中東の世界観に基本的な影響を与えるものではないだろう。二月十五日に行なわれた、イスラエルのネタニヤフ首相との就任後初めての会談では、結局微温的で波紋の少ない内容しか出されなかった。引き続き米国の中東離れが最大の実利であり、その中でロシア進出の抑制、イスラエルの安全確保、イランの牽制、テロ抑圧などが課題となる。また具体的な事案ではオバマよりも行動は迅速で果断なものになる。そして中東から見れば、相変わらず大国の思惑に振り回される場面が多い結果となるのは変わりない。

米国の中東離れとロシアの躍進

理念より実利の二十一世紀へ

世界的に見て冷戦の終了と共に理念の時代は終わり、次は理念といった空中戦ではなく、実利優先の地上戦の時代に戻った。これが二十一世紀の姿であると見ることができる。足元の生活や明日への保障が最重要の課題として肥大化し、そして諸国が乱立する戦国時代の再来である。

このような世界の潮流の一端として、トランプ現象がとらえられる。トランプは「米国第一主義」を掲げ、「偉大な米国の再現」を訴えて大統領選を戦い、さらにはその基調と寸分も違わない内容の就任演説をして見せた。しかし今度は米国を飾る理念の力はもはやない。理念抜きの実利優先で、「偉大な米国の再現」が可能なのかという大きな命題を彼は背負い込んだ。

因みに、オバマが就任直後の欧州訪問中に鮮烈な形で宣告したモットーは、世界から核兵器を廃絶するということであった。それでノーベル平和賞まで獲得した。このアプローチこそは理念先導型であった。しかし時代はすでに変わりつつあったのだ。だからこれは戦略兵器削減など限られた分野の成果しか挙げずに失速してしまった。*

＊　核政策もトランプは見直すのではないかといわれる。しかしその眼目は、既存兵器の更新と核物質拡散を抑えた小型核兵器の開発（核兵器の近代化と称される）であれば、従来路線の延長といえる。小型核兵器を防衛用に展開したいイスラエルにとって、核の近代化は最大関心事となる

実利優先というトランプ認識は、彼の中東政策を考える際にも基本的な重要性を持つことに誰も異論はないだろう。しかし彼の頭にある「偉大」という言葉は、抽象的に尊敬される米国というよりは、失業者も少なくて世界最高の所得水準を享受するという、極めて日常的物質的な意味内容である。圧倒的な国力と指導的な理念で世界を引っ張った「偉大な米国」が彼の念頭にあるのではない。

「理念主義外交」であった米国外交

実利の世紀に入るとしても、米国外交は理念を強く打ち出すスタイルで知られてきた。それは使命感溢れる「理念・理想主義（Idealism）外交」と称された。その源はそもそも建国の当初より、理念重視型であったことが挙げられる。つまり英国からの独立を果たすために強烈な議論と闘争を経る必要があったから、自然に自由・平等といった理念を必要としたのであった。これは国家樹立といった意識もないままに、気が付いてみると国になっていたという、日本など多くの古い歴史のある諸国には経験のない話である。

十九世紀前半、米国モンロー大統領は欧州との相互不干渉を訴えたが、それは孤立主義と呼ばれて、その後長く米国外交の一大原則となった。トランプはすでに新孤立主義だと評され始めているが、それは孤立することを理念や原則として主張するのではなく、実利重視の立場が結果として孤立することもあるということだ。

理念の牽引力なしだとやりづらいので、突如理想や原則をトランプが語り始める可能性はある。しかし再びその直後に突如として、手のひら返しの行動を取る可能性をいつも残しているということになる。つまり彼の言動はブレの大きなものになるだろう。外交一般だが、ましてや中東に不慣れな分、この恐れは十分にある。

米国の中東離れ

ブッシュ政権が中東民主化の大看板を立てていたとすれば、オバマは世界の警察官役を放棄して、軍事介入の非拡大を謳い文句とした。そしてアフガニスタンからの撤兵は延期されたものの、イラクからの米軍の完全撤退は二〇一一年末に宣告された。その反面、中東諸国では米国の優柔不断さに少なからぬ苛立ちと欲求不満が充満してきた。

中東諸国の方からの米国離れと称されるような現象も多くなってきた。例えばモルシー軍事政権に戻った直後の二〇一四年には、早くもエジプトはロシアから軍艦一隻を購入し、また三百五十万ドルの武器購入の契約をしていた。ムスリム同胞団のシーシー前大統領に秋波を送っていたオバマがシーシー政権を冷遇することを察知して、その意味で米国のエジプト離れに備えたものだと目されれた。

また親米をもって国是としてきたイスラエルでは、昨年五月、親ロ極右で知られるリーベルマンを野党ではあるが国防相に任命した。レバノンのシーア派系ヒズボラに対して米国は特段の圧力とはならないが、ロシアはイランを通じてその抑制に効果が上がることが期待されるのである。

さらに同月には、同様に親米で知られたサウジアラビアで、ヌアイミ石油相が更迭された。副皇太子ムハンマド殿下は「サウジアラビア二〇三〇」という石油資金を背景とした壮大な経済産業発展計画を推進しようとしているが、それは原油安でもサウジ経済は成長可能であることを示すための方策であるともされる。原油が安価であれば、米国のシェール・オイル生産を抑圧できる意味もあった。ヌアイミは石油輸出国機構（ＯＰＥＣ）において、減産、すなわち価格上昇の圧力を多数の加盟国から強く受けていた。

ロシアも中国も実利のみで行動することには長けている。従来の国際社会の常識や諸規範を無視するか、見ない振りもできる国である。彼らが理念を離れた行動と口実探しの術に長けていることには、日本も相当辟易させられている。しかし実利優先のトランプ政権であれば、相当そういったロシアや中国と共通言語を見出すことができるものと予想される。*

なお理念は放棄しつつ実利優先という姿勢ではあっても、個別の緊急な課題に米国が引きずりこまれ、むしろ蟻地獄のように抜き差しならぬ事態に陥ってしまうことも想定される。ここからは個別の課題を一巡する。

米国大使館のエルサレム移転とイスラエル支援

トランプは二月十五日の記者会見で、大使館移転問題は今後とも慎重な配慮を持って見てゆくというにとどめた。そして従来の方針であった「二国家共存」でパレスチナ国家樹立を図りつつ中東和平を進める問題は、一国家であっても関係の双方が合意すればいいとした。つまり移転をはっきりさせない分、二国家共存案は後退させてバランスを取った結果となった。さらにいえば、イスラエルの占領地におけるユダヤ人入植活動を抑えるようにトランプが発言したのは、二国家共存案の後退に対して、パレスチナ側への慰撫策《いぶさく》の効果があると見られる。**

大使館のエルサレム移転問題

イスラエルの首都は一九四八年の建国当時は、地中海岸沿いのテル・アビブであったが、一九五〇年には西エルサレムに移転した。その後、一九六七年の第三次中東戦争を経て東エルサレムを占

＊ 二〇一二年八月、オバマ大統領はシリアで政府軍側が化学兵器を使用したら、米軍の介入があると宣言して、いわゆる「赤線」を引いた。しかし実際にはそれは実行されなかったことがロシアの軍事介入を促したとされる。ロシアの介入も米国の様子伺いである

＊＊ イスラエルとパレスチナの「二国家共存」案は米国共和党綱領において言及されてきたが、昨年夏の同党綱領から削除されていた。なおトランプの発言を受けて、翌二月十六日、米国国連大使は早速、米国は二国家共存案を完全に支持すると述べて軌道修正した。トランプの発言を大々的に報道したせいか、国連大使の修正発言は小さな扱いとなった

領するに至ったのを受けて、一九八〇年には統一エルサレムをイスラエルの永遠の首都であると定めたのである。しかしその決定は国際的に承認されていない国境線を引くものであり、イスラエルの一方的な措置として同年の国連総会において非難が集中した。そしてその旨の非難決議が賛成百四十三カ国に対して、反対はイスラエル一カ国という格好で採択された（棄権は米国を含む四カ国）。かつて中米のいくつかの大使館が移転したことがあったが、国際的な非難の的となった。そして現在、エルサレムに大使館を開いている例は皆無である。

ところがこの移転実現はイスラエルであり、ユダヤ人たちの夢ともいえるテーマであることはいうまでもない。そこで二〇一二年の大統領選挙の際には、共和党のロムニー候補が米国大使館のエルサレム移転を唱えたことがあった。それを受けてトランプも選挙対策として、この案件を利用するに至ったのであった。

選挙戦を通して、トランプの言うことは随時改められてきたことは周知のとおりである。例えばムスリムの入国は認めないとの発言は、反発が多いのを見て彼の選挙サイトからはしばらくすると消去されていた。しかし米国大使館のエルサレム移転支持は最後まで生き残ったのである。

米国議会は早くも一九九五年にはエルサレムへの移転を可決しているが、それを行政府が履行していないのが現状で、その場合を始めから想定して政府には議会に半年に一回の報告義務を課しているだけである。国際的な反響を考えれば、とても実施できない代物だからである。オバマは昨年十二月一日に報告したので、トランプとしては本年五月初めまでは時間的な余裕がある。

他方エルサレムといっても、その西側は元来イスラエル領として認められているので、そこへの大使館移転はどうなのであろう。もちろんそのような措置は、東エルサレムの占領状態をやがては合法的な領有として解釈する契機となる恐れがあるし、だからこそ国連などでは糾弾されてきている。しかしそのような国際政治上の騒動とは別に、国際法的な解釈として米国は西エルサレムに大使館を移転したのであって統一エルサレムを認めたわけではないと宣言することは可能であろう。もちろんその場合であっても、首都でない場所に大使館を設置するのは国際慣行に反するという難点は残される。

ちなみに現在は、西エルサレムに米国総領事館があるし、東エルサレムには査証関係の業務のために同総領事館の下部組織が設置されている。ただこの総領事館は大使館に対してではなく、直接に国務長官に報告するという大使館並みの格付けが米国の国内法上されている。

国際法上の口実を見出しつつ大使館を西エルサレムに移転する措置をあえて取るとすれば、それには相当な米国の実利が絡んでいると考えられる。まず何よりもそれは軍事行動とは異なり、限られた予算措置で実施可能である。さらには、ユダヤ人社会の歓喜に満ちたトランプ支持の高揚は間違いなく確保されているのだ。要するに安い買い物ということである。トランプのような資質の人間だからこそ公約履行の優先事案として、その選択肢を取る可能性は排除されない。その変種として、大使館別館と称して、表札上ではあるが総領事館の格上げなどを考えるかもしれない。

さらには後で見るように、イスラエルの持つ米国の対イラン融和策に対する懸念をなだめる良薬となるかもしれない。こうなるとますます安価な買い物となるのだ。

もちろんそれに対しては、当初は少なくとも米国非難の声が国際社会に高まることは避けられない。また国際テロも誘発することになる。しかしアラブ諸国は、シェール・オイルのお陰で石油自給も可能な時代に入った米国に対してすでに脆弱化した面があるし、米国の同盟諸国は対米軍事費負担増を要求されないためにも、比較的に静かな反応ということになるかもしれない。

さらに考えておきたいことは、大使館移転という超サービスをすることで、軍事を中心とした対イスラエルの援助削減を可能にするのではないかということである。軍事支援を軽減させることが、トランプの主要関心事であることは周知のところである。今となってはそれを見越すように昨年九月には、ネタニヤフ首相はオバマ政権と十年間で三百八十億ドルの巨大支援プログラムに急ぎ署名しているのである。そこで対イスラエル関係の基軸となる軍事援助問題を見ることとしよう。

対イスラエル支援の一貫性

米国のイスラエルに対する支援の方針は、建国以来一貫している。それは中東地域における同盟国という戦略上の視点やユダヤ・ロビー対策という米国の国内事情という、国内外の両側面から来ている政策だ。*

米国の支援の最重要な部分は軍事援助である。イラク戦争によりイラクに取って代わられるまでは、長年イスラエルが米国の世界最大の軍事援助受け入れ国であった。二〇〇七年には経済援助は停止されたので全額が軍事援助となり、同年以降十年間、毎年平均三十億ドルの援助を供与する合意が成立した。二〇一五年には、米国の対外軍事援助額は合計五十九億ドルであったが、そのうちイスラエルが三十一億ドル、エジプトが十三億ドルとなっている。ちなみに一九五〇年以降、二〇一四年までの米国の対イスラエル援助総額は、一兆二千億ドルに上り、その約六〇パーセントが軍事援助であった。

このような統計上の数字をこれ以上列挙するまでもなく、それらが語ることは米国の対イスラエル支援の方針は一貫しているということである。もちろんその時々の国際政治の情勢に応じて、米イ関係には浮沈があった。事実オバマ政権下では、従来になくその関係は冷却化した。二〇一〇年、バイデン副大統領がイスラエル訪問中に、イスラエルは東エルサレムにおけるユダヤ人入植地建設推進を発表した。これはそれまでの両国の合意を無視するもので、時のヒラリー・クリントン国務長官は「ひどい侮蔑」であるとして非難した。オバマ大統領も、イスラエルは一九六七年以前の状態に戻るべきだと表明した。**

* トランプの娘イヴァンカの婿ジャレッド・クシュナーは、保守強硬派のユダヤ人である。彼は大統領上級補佐官として中東問題を扱うこととなった

** 昨年十二月、安保理では入植地政策を非難する決議が採択された。米国はそれまでの拒否権行使での反対の立場を改めて、棄権票を投じて採択されたのであった。オバマ政権最後の置き土産のようなものである。トランプはこれは不公正だと非難している

こうしたなかで、昨年九月には「十年間で三百八十億ドルの巨大支援プログラム」という、前節で述べた新たな援助合意が成立したということになる。それは二〇一八年以降の実施となる。他方イスラエルにとって、本年二〇一七年中の最大関心事は、二〇〇七年に合意された十年計画に従う最終年となるので、約四十億ドルの援助支払いがトランプ新政権によっていつどのように実施されるのかということである。

ただでさえオバマ政権によって、米国の支援をイスラエル国内産の武器購入に充てることは、イスラエル産業が米国企業を圧迫する段階に至ったとして認められなくなっている。こういったことも広い交渉事の一端として、イスラエル側からトランプに改めて問題提起される余地はあろう。

別の話題もある。イスラエルは核兵器の保有を公式には認めていないが、それは誰しも疑わない話となっている。そこで核搭載可能なステルス戦闘機の購入に大きな関心が集まることとなる。ちなみにロッキード・マーティン社の最新鋭ステルス戦闘機F35の十七機追加購入は昨年十一月に合意され、これで総数五十機をイスラエルは装備することとなる。それは日本の自衛隊も装備するが、一機百八十九億円という高額でも知られる。しかし核の搭載は仕様外である。

核装備可能なものとしてはF22などが挙げられているが、それはまだ軍事情報がもれる恐れから米議会の決定により輸出禁止となっている。ただしイスラエル仕様の改造版も今後検討される余地があり、トランプなら即断もありうることが懸念されるのである。なぜならばそれは大いに米国にとって実利であり、対イスラエル軍事援助資金による米国製武器購入に他ならないからである（ただし同機の現在の仕様では、水爆搭載は可能だが、イスラエルは水爆をまだ保有していない模様)。

対イラン関係と核開発問題

トランプは、イランに対しては新たな制裁を含めて厳しく当たってゆくことを語ったが、選挙公約の核合意の破棄は流してしまった。

米イラン関係の不幸な流れ

一九七九年に起きた在イラン米国大使館占拠事件を知る人は少なくないだろう。それはイラン国民の反米感情の爆発であった。その遠因は、一九五三年のCIAの工作による、モサッデク政権転覆とシャーの復権であった。モサッデクには国民的な支持が集まっていたが、共産主義への傾斜が語られたのだ。そしてシャーによる上からの近代化政策は、結局都市化や農村の貧困をもたらし、社会不安と政府の弾圧も加わり、それらすべてが反米感情を煽ることとなった。

こうして反米の潮流は止まるところを知らず、気が付いてみると政権転覆事件以来、すでに半世紀以上の時間が流れた。それだけに二〇一五年に核を巡って合意が成立した際には、この長年に渉るわだかまりに終止符が打たれるという点でも歓迎されたのだ。

同合意は、米国がホメイニ革命以来イラン政府をまともな交渉相手としては扱ってこなかった姿勢を改めるということも意味した。イランの反米感情が強いのと同様に、米国の反イラン感情も相当なものであった。その主な原因は、大使館占拠を通じて味わった屈辱の感覚であり、米国の自尊心を傷付けられたという一事である。筆者は一九七九年の占拠事件の時は隣国サウジに住んでおり、救出に向かった米軍のヘリがイラン国内で事故のため墜落し、救出作戦に失敗した一九八〇年には、ニューヨークに住んでいた。したがって米・イラン双方の反応を近距離から観察する機会を得ていた。互いに盤石の自尊心のせめぎ合いであるが、このような感情の波と高まりは、平和を願い、ただ耐え忍ぶことに慣れてきた戦後の日本には縁遠くなったものかもしれない。

しかも事態はそれほど容易ではなさそうだ。というのは、核合意により経済制裁が終了するとはいっても、それ以来すでに一年余りが過ぎたのに、その経済改善の効果は少なく生活は変わりないとして、イランでは新たな反米の声が出ているのが昨今の状況だからである。

イランの核開発問題と欧米の警戒心

インドやパキスタンが人知れず核兵器を開発し、いきなり爆破実験の模様がテレビ画面で伝えられたことを覚えている人も少なくないだろう。それに比べるとイランの核開発はうるさい姑に囲まれているようである。この違いはやはり偶然ではない。イランはイスラエルを仮想敵国として射程に入れることとなるからである。ネタニヤフ首相は、イランのロケットにはユダヤ語で、イスラエルを破壊せよ、と書いてあることをトランプとの共同記者会見で強調した。

ちなみにイランへの警戒心は、サダム・フセインを大量破壊兵器の証拠が出てこなかったのに、結局死刑に処すまで手を緩めなかった感覚と同類である。一九九〇年八月、イラクがクウェートを占領したのでその解放のために行なわれた湾岸戦争の末期より、フセイン処刑を求める声は欧米諸国では相当強く聞かれた。要するにサダム・フセインはロシア製の小型ミサイルを多数イスラエルにぶち込んでいたのだ。

しかし当時いきなりサダム・フセインを狙った軍事行動に移すには、まだ国際場裏の世論を動かすほどではなかった。しかしその後、9・11事件を経過して、いよいよテロとの戦争を宣告して、二〇〇三年から開始されたイラク戦争においては、フセイン追及について国際世論の支持を米国は広く取り付けたのであった。

とにかくイスラエルを攻撃したら米国の怒りに触れるといった構造になるのである。他方、イランの核開発についてイスラエルは当然神経をとがらせているが、米国の懸念はイスラエルが単独で対イラン攻撃をするのではないかということであった。実際、イスラエルは一九八一年、イラクの原子炉襲撃を敢行し、二〇〇七年にはシリアの核施設空爆を行なった。

こうしてイランが核開発を狙っているのではないかとの疑惑が生じて以来、強くその規制を模索してきた米国は、ようやく二〇一五年七月に至り、核施設規模の縮小と査察の受け入れを柱とする合意に至った。それは安保理常任理事国五カ国＋ドイツのグループとイランの間のものである。そして米欧などは合意と引き換えに、イランに対する経済制裁を解除することで合意した。オバマは「イランは濃縮ウランの九八パーセントを国外に搬出し、遠心分離機の三分の二を解体した」として、イランが国際原子力機関（ＩＡＥＡ）の検証を受けつつ合意履行を進めている、と満足の気持ちを語っている。

ところがトランプの明言してきたのは、この合意の破棄なのだ。もちろんそれは在米のイスラエル支持団体（米イスラエル公共問題委員会ＡＩＰＡＣ）における会合の席ではあった。この合意は国際的なものであり、米国一国が破棄しても制裁解除の措置は米国を除いて進展することとなる。それは明らかに米国に非常な不利益となるので、トランプもにわかには実施できないのではないかと見るのが大半である。またうがった見方ではあるが、前述の大使館のエルサレム移転があれば、イスラエルを慰撫するには合意破棄の公約を捨てても余りあるといえるだろう。

他方米金融界は制裁解除発表後も、実際の取引実績をそれほど伸ばしていない。今後のリスクを考えてのことらしいが、それを見てケリー前国務長官が、考えを改めてほしいとイランを後押しする内容のアピールまでする羽目となった。そしてこれもトランプが非難する的となったのである。新任のポンペオＣＩＡ長官は、従来対イラン強硬派として知られる人物である。トランプと手を取りあって、そしてまたまた米イラン関係の冷却化を迎えるのであろうか。

イランのロウハニ大統領は、米国が合意を破棄するならばイランもそれを反故にし、さらには最後の手段として石油輸出の重要ルートであるホルムズ海峡を封鎖すると主張したこともあった。その封鎖の手段である潜水艦と機雷は、北朝鮮の供与したものだとも目されている。それはイランの対北朝鮮の核開発関連技術供与の見返りともされる。対イランの核合意は、こうして日本とも直接の関係が生じてくるのである。

そして米イラン関係が悪化すれば、二〇一七年五月のイラン大統領選挙において、ロウハニ現大統領は敗北して、保守派台頭によりイランの益々の硬化も予想される。ただしそもそも米国の合意破棄はないだろうし、したがってロウハニ大統領の再選のシナリオを描く向きもある。

イランを巡る中露との関係

ここでは米国がもたもたしていると、中露がその間隙をうかがっていることに触れるだけに留めたい。

米国が劣悪な関係を継続してきたイランに、ロシアが強い関心を持たないわけがない。そうでなくてもロシアの南進政策により十八世紀、ロシアはオスマン帝国とも戦ってきた。また十九世紀には、ロシア・ペルシア戦争もあった。二十世紀に入ってからは、ロシア革命と事後の事情によりロシアの介入は少し控えめとなったが、第二次大戦後は共産革命の世界的拡大の中で再び活発化した。反米となっていたイランと話を合わせるのに多くの苦労は要しなかったであろう。

そして何よりも、中露はそろってイランの核開発を一貫して支持してきたのである。また核合意によって、凍結されていた資金が流れ始め、イランは中露から武器購入もできる。中国は従来、イラン石油の大口輸入国である。欧米よりも中露こそは、今次合意による最大の受益国だとする見解もある。こうするとますますトランプの合意破棄の公約は、対イスラエル支援団体におけるリップ・サービスに終わり、その実行は難しいということになる。

テロとの戦い、そしてシリア・イラクの国境再編

テロ対策と「イスラーム国」掃討

トランプによる新政権人事で注目を浴びるものが多数あったのは、予期されたところである。なかでも昨年十一月に発表された新国防長官は、元米中央軍司令官であったジェームス・マティスに白羽の矢が立った。中東の最前線で対テロ戦争を指揮してきた経験が豊富で、そのすさまじい戦意と激しいものの言い方から、「狂犬」とあだ名がつけられた。一部には彼が暴走してしまい、軍部に対するシビリアン・コントロールが懸念されているほどである。さらに新人事としては、マイケル・フリン元国防情報局長が安保問題担当大統領補佐官となったが、彼はムスリム対策の強硬派とされていた（ただし彼はロシア側との違法な連絡のため、すでに就任後三週間で辞任に追い込まれた）。その副補佐官キャスリーン・マクファーランドは政治的イスラームの危険性に従来警鐘を鳴らしてきた人物である。ジェフ・セッションズ上院議員が司法長官となったが、彼は不法移民取締り強硬派とし

て知られている。また前述のマイク・ポンペオ下院議員が中央情報機関（ＣＩＡ）長官となったが、彼は対イラン強硬派でオバマのイランとの核合意を痛烈に批判してきた。

こうしてトランプの対テロ対策は、直ちに剛腕で知られた多数の人材を確保して強固な地盤を築けた。これは他の重要人事である、国務長官や財務長官などの指名によほど時間がかかり手間取ったのに比べても際立っている。それだけテロ対策がトランプの中で、優先度が高い問題であることを端的に示すこととなった。そして議会承認が危ぶまれた新国務長官レックス・ティラーソンは、石油事業でロシアから勲章を授けられたほどでプーチンとも親しいが、その任命自体もテロ対策上、ロシアとの緊密な連携が不可欠だからだと見られている。

ところで対テロの戦いの筆頭は、「イスラーム国」の掃討に尽きるというのが現状である。それに異議を唱える外国勢力はいない。そこでこの路線は徹底的に追求されると考えられる。ただし「イスラーム国」側も潮流を読みつつ、態度を変更し、例えばロシアに近づく可能性はある。そうなるとアサド政権とも裏側から距離を縮めるだろうが、米国としてはロシアとの対決は避けなければならず、あまり手が出せない格好となる。つまり何らかの形で「イスラーム国」の延命が可能となるケースである。

しかしそのようなところまで「イスラーム国」が追い詰められることには変わりない。そしてテロ集団としての独自の行動やリクルート活動にも、歯止めが掛かることとなる。

テロリストの完全な一掃を図るのは、その主要な社会的政治的原因が解決されない限りありえない。そしてその解決は、中東域内での限定的な軍事行動で達成されるはずもない。相当部分は欧米地域内の問題であり、中東域内としてもイスラエルの国家レベルのテロ（入植地活動、人権無視の諸措置など）が存在する限りは、その対応策として様々なアラブ側のテロ活動が続くことになるだろう。

しかしトランプの立場からすれば、最後の一人までをやっつけるといった、騎兵隊のインディアン退治のような発想を持っているわけではない。要するに北米大陸に飛び火することが食い止めれれば、一応それでよしとする発想である。つまりテロとの戦いのどこかで途中下車して、ロシアと手を組むこともありうるであろう。

ロシアにしてもシリアのラタキア港など東地中海の南の暖かい港湾やいくつかの基地などの拠点を求めるという、極めて歴史的伝統的な需要を満たすことが第一目標である。ますます米露による対「イスラーム国家」後の体制が敷かれる可能性があるということになる。そうする中で、随所に米国としての実利を追求することがおそらくトランプの最も自然な姿となるであろう。その実利とは両国の間でそれなりのバランスが保てる体制の確保と、現地への一定の影響力の維持ということである。これが中東離れの中における、実利確保の姿ということになる。*

「新中東地図」の再燃

二〇〇三年からのイラク戦争後に「新中東地図」が注目を集めたことは、序章のコラム欄で紹介した。あまりにいろいろあるので、どれが現在生きている案かは定かではない。おそらくは既に、どれも死に体になっているのであろう。しかし最後に浮かんできた争点のまとめとしては、以下のようなものであった。

「これらの地図を合わせて考えると、主な係争点は次の通りとなる。イラクをスンニ派・シーア派で二分するか、クルド人国家を認めるか、ヨルダンを拡張して安全を保障することでイスラエルを現状にとどめられるか、リビアは砂漠地帯をベルベル地帯として分けるか、またエジプトとリビアと共同で南部のヌビア国を設けるか、メッカなどの聖地を独立の国にするかなどである。」

焦点をシリアとイラクに絞ると、それらをスンニ派とシーア派に二分するかどうか、そして北部にクルド人国家を新たに設けるかどうかといったところが最大の問題となる。クルド人はスンニ派である。一方、イラクやシリアにシーア派国家誕生となれば、シーア派の大御所であるイランの衛星圏を肥大化する結果となる。それは湾岸諸国への今後の余波が心配の種となる。だからトランプといえども、一気に即断することは難しい。ただしロシアの立場はイランに寄り添う形なので、そういった方向への力学が働くことにならざるを得ない。

ちなみにトランプは選挙キャンペーン中、シリアの反政府勢力を構成するスンニ派も同派の「イスラーム国家」も同列において、どちらも悪漢どもだと言ってきた。クルド人はこれを受けて、ト

＊　ロシアは共産主義時代を含めて世界をリードするという夢から覚めていないことが、プーチンの腕力外交の基礎にあるとする見解は、Stephen Kotkin, 'Russia's Perpetual Geopolitics, Putin's Return to the Historical Pattern', *Foreign Affairs*, May/June, 2016. 参照

ランプはクルド寄りだと受け止めたがっている。しかしシーア派系であるアサド政権側やロシアとも、今後事態収拾のためにトランプが手を握る可能性は排除されない。

シリアではアレッポ市が昨年十二月に反政府軍の手からシリア政府軍に陥落したことが大きな曲がり角として受け止められているが、それと同列に見られるのが、昨年十一月のイラク北部の大都市モスルのイラク政府軍による「イスラーム国」からの奪還である。ただしイラク政府軍はシーア派だが、解放されたモスル一帯はスンニ派の住民が多数いるので、将来の安定性には欠けている。またスンニ派、シーア派、クルド人のどれをとっても、同一派内の結束は図られておらず、同派内の抗争も激しいものがある。こうしてイラクであれシリアであれ、その将来図はまだ全く霧の中である。次の焦点は、シリアにおける「イスラーム国」の拠点とされる、ラッカ市の攻防であろう。

以上のように「新中東地図」が想起されるということは、シリアであってもイラクであっても空中分解を起こしているのであり、第二次大戦終了後存続してきた国境線を断念し、新たな国民国家を模索するという方向を示唆している。たとえロシアがアサドの存命に成功しても、アサドには統治する人材や機構は残されておらず、結局統一シリアの長期存続は容易ではないだろう。

米国にとってはどのような格好であれ、今後のシリアは地域内で自治能力さえあればそれですむ話である。残るのはロシアとの影響力の拮抗関係だけである。またいずれロシアは膨大な軍事費負担に悩んで、シリアから徐々に手を引かざるを得ないとも予測される。「イスラーム国」という国際的な暴力組織の根っこが伐採されれば、米ロという二大国の後見の下で現地諸勢力が時間を掛けて力の均衡を見出す、その意味で「解決する」というシナリオが浮上してくる。

湾岸諸国との関係

トランプの学習

湾岸にホテルやゴルフ・コースを経営するトランプだが、彼のビジネス上の付き合いを楽しみにしている石油リッチなアラブ人は少なくない。しかしトランプの大統領選の勝利直後にイギリスのエコノミスト誌（十一月九日付け）に掲載された記事のタイトルは、「彼はゴルフは知ってるが、ガルフ（湾岸）は知らないだろう」というものだった。

トランプが学んで行くことの一つは、ムスリムの入国は認めないといったイスラーム嫌いと受け止められる言葉と発想のまずさである。しかしそれはあまりにトランプ非難を世界中に広める恐れをもっているせいか、すでに選挙戦の途中から修正され始めていた。

また湾岸諸国がオバマ政権が反テロ作戦で手をこまねいているとして苛立ちを覚えていることもトランプはすでに知っているだろうし、その点はマティス新国防長官らの迅速な人事に示されている。果断な決定と行動がアラブの期待にも沿うことは、すぐに明らかになるだろう。またトランプは二月初旬、電話外交でサウジアラビア、クウェート、オマーンなどの元首とテロ対策上の協力について、意思疎通を計ったとされる。

トランプは一般にイランに厳しい考えを持っていると見られ、そのことは湾岸諸国に好感を持って見られている。その米国が核合意を本当に破棄することはないとしても、湾岸アラブにとって米国との親しい関係は、イランの脅威に備えるために必要であることは変わりない。

軍事費負担増の要求

トランプはクウェートの石油収入の半分を、湾岸における米軍経費に充てろと言った。またクウェートもサウジアラビアも湾岸戦争の付けをまだ支払っていないとも言った。そしてシリアにおける現在の戦闘には、イエメンのようにサウジ軍を派遣しろとも叫んだ。

しかし二〇一五年に湾岸諸国は、総計三百三十億ドルの軍事支出を米国に対してしたとされる。またそれ以外にも膨大な物資とサービスを米国より購入してきていることはあまりに明白である。したがって、落ち着いて見れば湾岸諸国への軍事費負担のトランプの要求は、多岐に渉ってすでに満たされているということが判明するであろう。だからこの要求が本当に行なわれるとして、湾岸アラブはさほどの動揺を覚える必要はないとみられる。この点は日本とほぼ同様ということである。

湾岸諸国の自律性助長

トランプの政策への不安は、以上のような具体的なものよりは、一般的に予測困難であるということにあるようだ。イランに対する警戒心と防衛の必要性といいながらも、他方ではシーア派とスンニ派の間には同じムスリムとしての同胞感もある、といった微妙で繊細な心情など、まるで彼には理解できないのであろう。そこで湾岸諸国も一層政治的に自律性が必要と感じ、中露との関係の親密化や、あるいは例えば湾岸協力を越えて湾岸連合の結成へと歩を進める一因となるとも見られている。

その間、ヨーロッパ連合離脱を決定したイギリスは、新たな関係を求めて「湾岸連合」に秋波を送るといった現象もみられる。昨年十二月、バハレーンで開催された湾岸協力会議においてメイ英首相は、今後の防衛協力拡大を宣言した。かつてはイギリスの裏庭のようであったペルシア湾にイギリスの旗が戻ってくる、といった感覚で受け止められる事態である。

おわりに

各側面を6章に分けて検証してきたが、本書全体のまとめとしては、次のようになる。

宇宙観や人生観においては、科学や情報時代の波にもまれながらも信仰体系によって導かれる内容との大きなぶれはない。しかし政治、経済面では、現実世界の諸事情が迫る中、伝統的な信条や制度の持つ規範力だけで持ちこたえるのが難しい段階に入りつつある。それぞれ改革や刷新の努力が払われている。それは経済面では一歩具体的に進展したが、政治面では結実するのに時間を要している。場合によっては、積み木崩しのように後戻りしたとも見られる。また文明復興の願望は強いが道遠く、まして将来像として、かつてのイスラーム帝国の大版図の復活は夢遥かということである。しかしその夢は朽ち果ててはいないので、無視できない。

以上が今日現在の中東世界を覆っている状況であるといえよう。さらに右のまとめを換言すると、異なる宗教とも共生する中でイスラームを適切に順守し、その諸原則に従いつつ世界をリードする高度な文明を実現すべきだが、その理想と現実の乖離に悩む日々であるということになる。まさしくその世界観が苦難の道を歩んでいるのであり、明日を模索しつつ揺れ動いている情景といえる。ただし世界を広く見ると、当然ながら中東だけが揺れ動いているのでないことは、多言を要さない。

さらにこのまとめを煎じ詰めれば、次のようにいえよう。中東の行動規範の根底には、イスラームに展開され、あるいはイスラームに流れ込んだ原理がある。それはコーランの第一章にいきなり宣言され、また全巻を通じてもしきりに繰り返される、まっすぐな道を歩みたいという願望である。誤道を避けさせてほしいということである。キリスト教は原罪を償うことを原点とし、仏教のそれは厭離穢土《おんりえど》を離れたいとする浄土祈願にあるとしよう。それらとの対比において、イスラームの立ち位置は明確だ。過ちを犯さず正しくありたいという心情が、最強の底流としてあるということだ。この正道を求める気持ちは、日本文化の基礎に恥観念があるとされたのに比敵すると言えよう。

報道を見ると、すさんだ景色と、凄惨な出来事の連続のように中東は映るであろう。もちろんそれ自体は現実であるとしても、人々とその社会の基層には以上のような大きな潮流が存在することを確認する結果となった。中東のようにわが国にとってはまだまだ未知な事柄が多い地域に関しては、もう一度対象を冷静に見ようとする努力の一端として、その世界観を探求し全体像をまとめる試みはそれなりに意味があったのではないかという実感である。

なお最後に関心ついでに付言するのは、イスラームの中からの視点である。つまり本書のテーマである世界観は、イスラームからいえば、所詮人間から見ればということに過ぎないのだ。絶対主からしてのすべてを俯瞰《ふかん》する超越的な視点があり、そのような見地からこそ本当に人間が死を恐れる理由はなくなるし、地上最高の共同体と文明を達成すべきだということになるのだ。そのような宇宙的な視点についても本書にも出てはいるが、正面から扱うとすれば、それは宗教書に譲るべきテーマになってしまう。

本書で述べてきたことが、中東という地域は今後とも日本との関係が広く深いものとなるだけに、多くの方々に共有されることを望まざるを得ない。なお最後になったが、本書の出版に当たり、国書刊行会佐藤今朝夫社長や同社編集の中川原徹氏に多くのご厚情を賜ったことにつき、感謝の意を記し、筆を置くこととする。

水谷　周

平成二十九年四月

日本語参考文献

イスラーム関係

『イスラーム辞典』岩波書店、二〇〇二年。

『イスラームの世界地図』21世紀研究会編、文春新書、二〇一二年。

『聖クルアーン』日本ムスリム協会、二〇一五年。

『日訳サヒーフ　ムスリム』日本サウディアラビア協会、一九八七年。全三巻。

『ハディース（アルブハーリー伝）』牧野信也訳、中央公論社、一九九三―九四年。全三巻。

水谷周『イスラーム信仰概論』明石書店、二〇一六年。

同『イスラームの精神生活―信仰の日々』日本サウディアラビア協会、二〇一三年。

同訳『イスラームの天国』イブン・カイイム・アルジャウズィーヤ著、国書刊行会、二〇一〇年。

ローゼンタール、アーウィン『中世イスラームの政治思想』福島保夫訳、みすず書房、一九七一年。

イスラーム全史、文明・社会関係

アブー＝ルゴド、ジャネット・L『ヨーロッパ覇権以前』佐藤次高、斯波義信、高山博、三浦徹訳、上下二巻、岩波書店、二〇〇一年。

アミーン、マアルーフ『アラブから見た十字軍』ちくま学芸文庫、二〇〇一年。

アンサーリー、タミーム『イスラームから見た世界史』小沢千恵子訳、紀伊國屋書店、二〇一一年。

エスポジト、ジョン『イスラームの歴史』坂井定雄監修、小田切勝子訳、共同通信社、二〇〇五年。全三巻。

片倉もとこ『イスラームの日常生活』岩波新書、一九九一年。

加藤博『文明としてのイスラーム　多元的社会叙述の試み』東京大学出版会、一九九五年。

塩尻和子編著『変革期イスラーム社会の宗教と対立』明石書店、二〇一六年。

内藤正典『イスラームの怒り』集英社新書、二〇〇九年。

フュック、ヨーハン『アラブ・イスラーム研究誌　二十世紀初頭までのヨーロッパにおける』井村行子訳、法政大学出版局、二〇〇二年。

フンケ、ジクリト『アラビア文化の遺産』高尾利数訳、みすず書房、二〇〇三年。

ホーラーニー、アルバート『アラブの人々の歴史』湯川武監訳、第三書館、二〇〇三年。

モーガン、マイケル・ハミルトン『失われた歴史（イスラームの科学、思想、芸術が近代文明をつくった）』北沢正方訳、平凡社、二〇一〇年。

ルイス、バーナード『イスラーム世界の二千年』白須英子訳、草思社、二〇〇一年。

ローガン、ユージン『アラブ五〇〇年史』白浜英子訳、白水社、二〇一三年。上下二巻。

中東全域

飯塚正人『現代イスラーム思想の源流』山川出版社、二〇〇八年。

板垣雄三『歴史の現在と地域学―現代中東への視覚』岩波書店、一九九二年。

オーウェン、ロジャー『現代中東の国家・権力・政治』山尾大、溝渕正季訳、明石書店、二〇一五年。

後藤晃、長澤栄治編著『現代中東を読み解く　アラブ革命後の政治秩序とイスラーム』明石書店、二〇一六年。

酒井啓子『中東政治学』有斐閣、二〇一二年。

トッド、エマニュエル『アラブ革命はなぜ起きたか―デモグラフィーとデモクラシー』石崎晴己訳、藤原書店、二〇一一年。

松本弘編著『現代アラブを知るための五六章』明石書店、二〇一三年。

水谷周『現代アラブ混迷史―ねじれの構造を読む』平凡社新書、二〇一三年。

同編著『アラブ民衆革命を考える』国書刊行会、二〇一一年。

域内各国

池内恵『イスラーム国の衝撃』文春新書、二〇〇九年。

石黒大岳『中東湾岸諸国の民主化と政党システム』明石書店、二〇一三年。

臼杵陽『世界史の中のパレスチナ問題』講談社現代新書、二〇一三年。

今井宏平『中東秩序をめぐる現代トルコ外交―平和と安定の模索』ミネルヴァ書房、二〇一五年。

黒木英充編著『シリア・レバノンを知るための六四章』明石書店、二〇一四年。

高橋和夫『なるほどそうだったのか！ パレスチナとイスラエル』幻冬舎、二〇一〇年。

富田健次『ホメイニー―イラン革命の祖』山川出版社、二〇一四年。

トリップ、チャールズ『イラクの歴史』大野元裕監修、岩永尚子ほか訳、明石書店、二〇〇四年。

長澤栄治『エジプト革命―アラブ世界変動の行方』平凡社新書、二〇一二年。

中村覚編著『サウジアラビアを知るための六三章』明石書店、二〇一五年。

福富満久『中東・北アフリカの体制崩壊と民主化―MENA市民革命のゆくえ』岩波書店、二〇一一年。

横田貴之『原理主義の潮流―ムスリム同胞団』山川出版社、二〇〇九年。

ラブキン、M・ヤコブ『イスラエルとは何か』菅野賢治訳、平凡社新書、二〇一二年。

経済関係
イスラーム金融検討会編著『イスラーム金融―仕組みと動向』日本経済新聞出版社、二〇〇八年。

小杉泰、長岡慎介『イスラーム銀行―金融と国際経済』山川出版社、二〇一〇年。

長岡慎介『現代イスラーム金融論』名古屋大学出版会、二〇一一年。

福田安志編『イスラーム金融のグローバル化と各国の対応』調査研究報告書、アジア経済研究所、二〇〇九年。

	11月パリ同時テロ
2016	1月サウジはイランとの国交断絶
	2月ISIS空爆で劣勢、テロ活動強化へ
	3月ジュネーブでシリア和平協議開始　移行政権樹立が目標
	ベルギー同時テロ事件（ISISの犯行）合計33名以上死亡
	4月シリア政府軍との戦闘激化　シリア停戦事実上崩壊
	6月イスタンブール空港爆破事件　41名死亡
	7月バングラ・ダッカ爆破事件　日本人7名を含む20名死亡
	同月仏ニースでバス暴走事件　84名以上死亡
	同月トルコで軍事クーデター未遂事件　合計1万人以上逮捕、解雇など
	8月トルコ南部の結婚式会場爆破事件　51名死亡
	9月犠牲祭のシリア停戦協定　米ロ合意
	10月シリアを巡る米ロ協調停止　シリアの和平遠のく
	11月モスル市の主要部をイラク政府軍が奪還
	12月シリアのパルミラ遺跡破壊　ISISの犯行声明
	同月アレッポ市はシリア政府軍に陥落　ロシアの米を除く国際会議開催案
	同月在トルコ・ロシア大使の暗殺　アレッポの報復、露土共同捜査約す
	同月ベルリンのクリスマス市場にバス突入、60名死傷、ISISの犯行声明
	同月シリア政府・反政府軍の停戦協定　ロシアとトルコが仲介
2017	1月イスタンブール年頭祝賀会場爆破　外国人含め39名死亡　ISIS犯行声明
	1月バグダッド　シーア派地区爆破事件　少なくも39名死亡　ISIS犯行声明
	1月8日ラフサンジャニ元大統領死去　イラン保守・穏健派の指導者喪失
	同月16日中東和平会議パリで開催　70カ国参加、イスラエル、PA欠席
	同月20日トランプ大統領就任

2007		6月ガザ南部でハマスがファタハ制圧
2008		1月ガザ住民多数エジプトへ侵入
	3月イラン大統領のイラク訪問	
	11月インド・ムンバイ同時テロ	
2009		1月ガザのハマス幹部宅をイ軍爆撃
	6月オバマ大統領のカイロ民主化演説	
2010		5月ガザ支援船をイ空軍が襲撃
	8月イラクの米軍撤退完了	
2011	**「アラブの春」**	
	1月チュニジア・ベン・アリ大統領辞任	
	2月エジプト・ムバーラク大統領辞任	
	5月オサマ・ビンラディン米軍に殺さる	
		9月在カイロ・イ大使館襲撃
	10月リビア・カザフィ殺害	10月パレスチナ UNESCO 加盟国となる
	11月イエメン大統領辞任予定表明	
2012	2月イエメン・サーレフ大統領辞任	
	6月エジプト・モルシー大統領就任	
	7月国際赤十字がシリア内戦宣言	
	11月パレスチナは国連オブザーバー国家となる	
	12月独裁的で反モルシー運動高まる	
2013	7月クーデターでモルシー追放される（2015年5月に20年間投獄の判決）	
	12月ロシアのテロ根絶宣言（ソチ冬季オリンピック）	
2014	1月チュニジア新憲法成立	
	5月エジプト、シーシー大統領選出	
	6月「イスラーム国」（ISIS）樹立宣言	
2015	ISIS シリア、イラク、リビア、イエメン、チュニジア、エジプトなどに広まる	
	7月イラン核開発制限に合意確認	
	9月ロシアの対 ISIS 空爆始まる	
	10月シナイ半島でロシア航空機爆破　ISIS の犯行声明	

中東主要事項年表

1981	サダト大統領暗殺、ムバーラク就任	
1982	イスラエルのレバノン南部侵攻（〜85）	PLO 本部チュニスへ移転
1985		イスラエルの PLO 本部爆撃
1988		パレスチナ抵抗運動（ハマス）結成
1990	イラクのクウェート侵攻	
1991	**湾岸戦争**	中東和平会議（マドリード）
	アルジェリアでイスラーム原理主義政党（FIS）選挙で圧勝	
1993		オスロ合意
1994		パレスチナ自治政府（PA）成立
1995	ラビン首相暗殺、ペレス政権へ	
1996	アフガニスタンでタリバン政権樹立	
2000		キャンプ・デービッド平和会談決裂
2001	**9・11 NY 同時多発テロ　テロとの戦い**　世界各地でテロ多発	
2002		4月アラファト議長監禁状態
	11月国連査察団イラク入り	
2003	**イラク戦争（3月〜4月）**	
		6月中東和平アカバ会議（イ・パ・米）
	8月バグダッド国連事務所爆破	
2004		4月ハマス指導者タンティシ師暗殺
		5月ガザ地区にイ軍戦車攻撃
	6月イラク暫定政権発足	
		7月国際司法裁判所勧告的意見 分離壁は国際法違反とする
		11月アラファト議長死去
2005	7月ロンドン同時テロ	
		8月ガザ地区入植者一部撤収開始
2006		1月パレスチナ評議会選挙ハマス勝利
	2月イランのウラン濃縮再開宣言	
		6月ガザ南部、次いで北部へイ軍侵攻
		8月レバノン南部のヒズボラ爆撃
	12月イラク・フセイン元大統領処刑	

※イ＝イスラエル

中東主要事項年表

1914	**第一次世界大戦勃発**	注　右欄は2012年までのパレスチナ関連
1915		フセイン・マクマホン書簡
1916	サイクス・ピコ秘密協定	
1917		バルフォア宣言
1918	第一次大戦終了	
1921	イラク王国成立	
1922	オスマン・トルコ帝国滅亡	
1923	トルコ共和国成立	
1925	イラン・パハレビー王朝成立	
1932	サウジアラビア王国、イラク王国独立	反イスラエル運動の高まり
1939	**第二次世界大戦勃発**	
1945	第二次大戦終了、アラブ連盟成立	
1946	シリア独立	
1947		パレスチナ分割案の国連採択
1948	イスラエル独立	**第一次中東戦争**
1951	リビア王国独立	
1952	エジプト革命	
1953	イラン・モサデック政権をCIAが倒壊	
1956	スエズ運河国有化、チュニジア独立	**第二次中東戦争**
1958	イラク革命、共和国へ	
1960		パレスチナ解放機構（PLO）結成
1962	アルジェリア独立	
1967		**第三次中東戦争**
1969	リビア革命、共和国へ	
1970	ナセルの死、サダト大統領就任	
1973	第一次石油ショック	**第四次中東戦争**
1978		キャンプ・デービッド合意
1979	イスラエル・エジプト平和条約締結	
	イラン・ホメイニ革命	
	ソ連のアフガニスタン侵攻 (～89)	
	第二次石油ショック	
1980	**イラン・イラク戦争 (～88)**	

著者　水谷 周（みずたに まこと）

1948年生まれ、京大文卒、カイロ大、ロンドン大を経て博士（現代イスラーム思想史、ユタ大中東研究所）。イマーム大学東京分校学術顧問、日本ムスリム協会理事、現代イスラーム研究センター理事、日本アラビア語教育学会理事など。編著書『アラブ民衆革命を考える』2011年、編著書『イスラーム信仰叢書』全10巻、2010～2012年（以上国書刊行会）、『イスラームの善と悪』2012年、『現代アラブ混迷史』2013年（以上平凡社）、『イスラーム信仰概論』2016年（明石書店）など。

アラブ人《じん》の世界観《せかいかん》――激変《げきへん》する中東《ちゅうとう》を読《よ》み解《と》く

2017年５月25日　初版第１刷発行

著　者　水谷　周
発行者　佐藤今朝夫
発行所　株式会社 国書刊行会
〒174-0056 東京都板橋区志村１-13-15
TEL 03（5970）7421　FAX 03（5970）7427
http://www.kokusho.co.jp

装　幀　真志田桐子
印刷・製本　三松堂株式会社

カバー画像　shutterstock

ISBN 978-4-336-06152-2